Gutes Essen muss nicht teuer sein

KATHRIN KÖTZ

GUTES ESSEN
muss nicht teuer sein

Gesund, günstig, alpin-mediterran

 ATHESIA VERLAG

Rezepte

BROT

FÜR JEDEN TAG

SÜSSES

VORWORT

Wer auf der Suche nach leckeren, gesunden, alltagstauglichen Rezepten ist, deren Zubereitung oft nicht mehr als eine halbe Stunde dauert, der wird in diesem Buch fündig!

Ich weiß aus Erfahrung, dass es in unserer modernen, hektischen Zeit schwierig ist, sich jeden Tag aufs Neue zum Kochen zu motivieren, nicht zu reden vom Ausprobieren neuer Rezepte. Gleichzeitig hat man den Anspruch, eine ausgewogene und gesunde Mahlzeit auf den Tisch zu bringen. Mit den Rezepten in diesem Buch kann beides gelingen.

Neben dem Aspekt der schnellen und gesunden Küche war es mir wichtig, den Preis pro Mahlzeit nicht aus dem Auge zu verlieren, damit sich auch Menschen mit kleinem Geldbeutel abwechslungsreich ernähren können. Daher liegen die Kosten für eine Portion fast immer bei 1,00–2,00 Euro, manchmal sogar darunter.

Natürlich gibt es in diesem Buch auch einige Rezepte, die etwas preisintensiver und aufwendiger sind. Damit sie trotzdem erschwinglich sind und das Haushaltsbudget nicht über Gebühr belasten, kommt es auf eine gute Planung des wöchentlichen Speiseplans an, für den man im Vorrat vorhandene Dinge, übrig gebliebene Speisereste und frische Zutaten kombiniert.

ÜBER DIESES BUCH

Ich habe die Rezepte für dieses Buch so zusammengestellt, dass sie an sieben Tagen in der Woche ohne großen Aufwand gekocht werden können. Denn niemand hat zwischen all den aufreibenden Dingen des täglichen Lebens die Kraft, Zeit und das Geld, allabendlich ein Dreigängemenü zuzubereiten. Aber natürlich kann man, wenn man Freunde oder die Familie festlich bewirten möchte, auch mehrere Gerichte auswählen, den eigenen Bedürfnissen anpassen und zu einer Menüfolge zusammenstellen.

PLANUNG DER MAHLZEITEN

Ich finde es sehr wichtig, schon bei der Planung meiner Mahlzeiten die Jahreszeit zu berücksichtigen. Oft finde ich die Inspiration beim Einkauf auf dem Bauernmarkt, denn dort sehe ich, was gerade frisch geerntet wurde. Meist sind die saisonalen Produkte sogar günstiger als importierte Waren. Deshalb kaufe ich im Winter auch keine Erdbeeren, selbst wenn ich gerne ein Erdbeertiramisu machen würde. Denn seien wir ehrlich: Erdbeeren im Winter sind geschmacklich eine Enttäuschung. Darüber hinaus werden sie Tausende von Kilometern mit dem Flugzeug zu uns gebracht und haben einen hohen Preis. Das Erdbeertiramisù hebe ich mir lieber für den Sommer auf, wenn die kleinen Früchte richtig reif und süß sind. Wenn ich außerhalb der Saison unbedingt ein bestimmtes Gemüse essen möchte, greife ich auf Tiefkühlprodukte oder Konserven zurück. Die belasten meinen Geldbeutel nicht übermäßig und sind qualitativ die bessere Wahl.

REGIONALITÄT

Gut und günstig einkaufen kann man vor allem auf Bauernmärkten, in Hofläden oder kleinen Geschäften, wo die eigenen saisonalen Produkte oder jene kleinerer Produzenten aus der Umgebung verkauft werden. Eine gute Alternative sind auch Gemüse- und Obstkisten, die man sich selbst zusammenstellen kann. Oft bekommt man dort sogar Bioware für kleines Geld und vermeidet überflüssige Plastikverpackungen!

FLEISCH UND FISCH

Obwohl ich keine Vegetarierin bin, koche ich höchstens einmal in der Woche ein Fleisch- oder Fischgericht. Da mir die Herkunft und Qualität beider Zutaten sehr wichtig ist, haben diese natürlich ihren Preis. Um trotzdem preisbewusst zu sein, kaufe ich nur selten so teure Edelteile wie Filet. Stattdessen verwende ich zum Kurzbraten ein Stück aus dem Rinderrücken, das deutlich preiswerter ist, aber mit einem ausgezeichneten Geschmack punktet. Bei Fisch greife ich häufig auf tiefgekühlte Ware zurück. Tiefkühlfisch hat den Vorteil, dass er bereits portioniert, jederzeit erhältlich und oft deutlich günstiger ist als frischer Fisch. Geschmacklich und was den Nährstoffgehalt angeht, merkt man keinen Unterschied. Beim Einkauf achte ich allerdings auf die Herkunft des Fischs und das MSC-Gütesiegel.

VORRATSKAMMER

Damit ich auch nach einem stressigen Tag, an dem ich nicht zum Einkaufen gekommen bin, etwas Leckeres auf den Tisch bringen kann, habe ich immer einen Vorrat an bestimmten Lebensmitteln zu Hause. Das sind vor allem lange haltbare Lebensmittel wie Mehl, Zucker, Nudeln und Konserven bzw. kalt gepresstes Olivenöl, Balsamico, Raps- oder Sonnenblumenöl. Im Kühlschrank lagern immer Parmesan, Bioeier, helle Misopaste und Butter. Um die Vorräte aufzufüllen, nutze ich bewusst die Angebote der Supermärkte.

Für Olivenöl und Balsamico gebe ich gerne ein paar Euro mehr aus, dafür bekomme ich aber eine bessere Qualität. Und weil diese Produkte nur sparsam verwendet werden, muss man sie auch nicht jede Woche neu kaufen.

Für die Rezepte in meinem Buch muss man sich keine neuen Gewürze zulegen. Salz und Pfeffer reichen im Allgemeinen aus und die hat sowieso jeder im heimischen Gewürzregal. Dort, wo ich exotischere Gewürze verwende, habe ich versucht, eine Alternative anzugeben. Wenn man auch diese nicht hat, würzt man einfach mit etwas mehr Salz und Pfeffer bzw. Kräutern. Denn nichts ist unnützer, als sich für ein einzelnes Rezept extra ein bestimmtes Gewürz anzuschaffen, das nach einmaligem Gebrauch im hintersten Winkel des Küchenschranks verstaubt.

Apropos Kräuter: Damit man immer frische Kräuter hat, lohnt es sich, diese auf der Fensterbank oder auf dem Balkon zu ziehen. Das ist preiswerter, als sie immer wieder von Neuem zu kaufen. Für den Winter kann man sie fein geschnitten in Eiswürfelbehältern einfrieren.

RESTEVERWERTUNG

Dass man sorgsam mit Lebensmitteln umgehen soll, ist keine neue Weisheit. Schon meine Großmutter hat keine Lebensmittel weggeworfen, sondern aus schrumpeligem Gemüse eine leckere Suppe gekocht. Ihre anderen Küchenprinzipien waren: Koche ausreichende Mengen, verwerte das, was übrig bleibt, und kaufe nie mehr ein, als du essen kannst. Nach dieser Küchenphilosophie habe ich auch die Rezepte für dieses Buch ausgewählt und die Größe der Portionen so berechnet, dass nichts oder nur wenig übrig bleibt. Bei einigen Gerichten kann es allerdings ökonomischer sein, sie für mehr Personen zuzubereiten. Natürlich bleibt in diesem Fall etwas übrig – außer man lädt sich ein paar Freunde ein –, aber das kann man am nächsten Tag aufwärmen und spart so die Zeit fürs Kochen. Einige Dinge muss man nicht einmal aufwärmen, sondern kann sie einfach in der Lunchbox mitnehmen. Auf diese Weise hat man zum Mittagessen eine wunderbare Abwechslung zum belegten Brot oder zum teuren Restaurant.

Aus diesem Grund sind manche Rezepte mit Symbolen ausgestattet:

Resteverwertung möglich

Mahlzeit eignet sich für die Lunchbox

Wenn man weiß, dass man es nicht schafft, die Reste am nächsten oder übernächsten Tag aufzuessen, sollte man sie so schnell wie möglich einfrieren, sonst besteht die Gefahr, dass sie im Kühlschrank vergessen werden und vergammeln. Brot, Kuchen, Pizzateig, aber auch Suppen, Lasagne oder Nudelsaucen halten sich tiefgefroren bis zu drei Monate.

WAS MIR NOCH WICHTIG WAR

Ich habe versucht, in das Buch nur Gerichte aufzunehmen, für die man nicht viel mehr braucht als ein **scharfes Messer,** einen **Topf,** eine **Pfanne** und manchmal einen **Pürierstab.** Das liegt nicht nur daran, dass ich nicht gerne abspüle, sondern ich wollte, dass die Rezepte auch in einer Studenten-WG bzw. in der Küche eines Einpersonenhaushalts nachgekocht werden können, in denen kein Platz für unzählige Küchengerätschaften ist. Nach meiner Erfahrung sind viele Geräte daheim überflüssig. Sie kosten nur Geld und liegen die meiste Zeit rum.

Die Mengenangaben in den Rezepten lassen sich problemlos für eine geringere Personenzahl adaptieren. Für das Gelingen ist es dabei nicht wichtig, die Zutaten aufs Gramm genau umzurechnen. Ich finde, man sollte sich bei der Frage nach der Menge einfach auf sein Gefühl und seinen Hunger verlassen – außer bei Brot, Kuchen und einem Teil der Nachspeisen, wo es auf Genauigkeit ankommt.

HINWEISE ZU DEN REZEPTEN

→ Alle **Rezepte** sind, wenn nicht anders angegeben, **für 4 Personen** berechnet.

→ Alle **Backofentemperaturen** beziehen sich, wenn nicht anders angegeben, auf die Einstellung **Ober-/Unterhitze.**

→ Werden **Zitronen** verwendet, sind diese immer **unbehandelt.**

→ Bei Milch ist immer **Vollmilch mit 3,5 % Fettgehalt** gemeint.

→ Für Salate und **nicht hoch erhitzte Speisen** verwende ich ein nicht zu fruchtiges, kalt gepresstes **Olivenöl.** Zum **Backen** nehme ich statt- dessen ein weniger intensives **Raps-** oder **Sonnenblumenöl.**

→ Immer, wenn ich Mehl verwende, ist damit **Mehl vom Typ 0** oder **Typ 00** gemeint, das einen Proteingehalt von etwa 12,5 % hat. Damit gelingen Hefeteige am besten. Man kann aber auch herkömmliches Mehl vom Typ 405 verwenden.

→ Bei den **Eiern** handelt es sich, wenn nicht anders angegeben, immer um Bio- oder Freilandeier der **Größe M.**

→ Ich koche ausschließlich mit Gemüsebrühe (Rezept siehe Seite 120), aber man kann sie problemlos durch Hühnerbrühe ersetzen. Wer die Brühe nicht selbst kochen möchte, kann natürlich auf Fertig- brühe ohne Hefezusatz zurückgreifen.

→ Aus Gründen der Genauigkeit habe ich nicht nur die festen Zutaten, sondern auch alle Flüssigkeiten in Gramm angegeben. Wer einen Messbecher verwenden will, kann Wasser, Brühe, Milch oder Essig einfach im Verhältnis 1:1 umrechnen (100 g = 100 ml). Bei Sahne und Öl ist das Gewicht etwas geringer als das Volumen, das heißt, man rechnet hier ungefähr mit 95 g = 100 ml.

→ Die **Zeitangaben** in den Rezepten sind immer **sehr vage gehalten,** weil ich finde, dass man nicht mit der Stoppuhr kochen sollte. Es ist besser, sich auf seine Sinne zu verlassen und einfach zu probieren, ob Gemüse oder Nudeln schon gar sind.

VOLLKORNKASTENBROT

Nichts geht über selbst gebackenes Brot. Für die Zubereitung dieses Kastenbrots braucht man keine Küchenmaschine, aber etwas Geduld. Doch wenn man die Zutatenmenge verdoppelt, hat man nur einmal die Arbeit, aber den doppelten Genuss.

200 g Vollkornmehl
300 g Mehl
400 g Wasser
2 g Trockenhefe
12 g Salz

TO GO

Die beiden Mehlsorten in einer Schüssel vermengen. Das Wasser dazugeben und alles mit einem Holzlöffel so lange verrühren, bis keine trockenen Zutaten mehr zu sehen sind. Den Teig abgedeckt 30 Minuten bei Zimmertemperatur ruhen lassen.
Trockenhefe und Salz über den Teig streuen und mit den Händen einmassieren. Erneut abdecken und 30 Minuten ruhen lassen.
Nun den Teig mit einer nassen Hand am Rand der Schüssel nach oben ziehen und über die Teigmitte zur anderen Seite falten. Den Vorgang auf allen vier Seiten wiederholen. Den Teig abdecken, erneut 30 Minuten ruhen lassen und dann noch einmal falten. Zugedeckt 12–18 Stunden bei Zimmertemperatur gehen lassen.
Den Teig auf eine bemehlte Arbeitsfläche geben und vorsichtig zu einem Rechteck ausziehen. Die langen Seiten zur Mitte falten und den Teig 5 Minuten offen liegen lassen. Aufrollen und mit dem Saum nach unten in eine eingefettete Kastenform legen.
Die Oberfläche mit etwas Mehl bestreuen und mit einem Küchentuch abdecken. Noch ein letztes Mal 1½ Stunden gehen lassen und anschließend im vorgeheizten Backofen bei 230 Grad 30–35 Minuten backen.

TIPPS Damit das Brot im Backofen gut aufgeht, sollte man etwas Wasser in den heißen Ofen und auf das Brot sprühen. Zum Einfrieren das Brot am besten in Scheiben schneiden. Allerdings muss es vorher komplett ausgekühlt sein. In einem Brotbeutel bleibt das Brot etwa 3 Tage frisch.

KÖRNERBROT

Jede Menge Körner und ein bisschen Zeit – und fertig ist das Körnerbrot. Wenn man es in Scheiben schneidet und portionsweise einfriert, hat man immer einen Vorrat.

Mehl, 100 g Körner, Salz und Trockenhefe in einer Schüssel vermengen. Das Wasser dazugeben und alles gut mit einem Holzlöffel verrühren. Den Teig mit feuchten Händen so lange kneten, bis er zusammenhält. Zugedeckt bei Zimmertemperatur 12–18 Stunden gehen lassen.

Den Teig auf eine bemehlte Arbeitsfläche geben, alle Seiten zur Mitte falten und den Teigling 5 Minuten ruhen lassen. Noch einmal alle Seiten zur Mitte falten und den Teigling umdrehen. Mit den Handballen den Teig so unter die Teigkugel schieben, dass die Teigoberfläche glatt und straff wird. Die restlichen Körner auf einen flachen Teller geben, den Teigling mit Wasser besprühen und in den Körnern wälzen. Mit der Körnerseite nach unten in einen Gärkorb (oder eine mit einem Küchentuch ausgelegte Schüssel) legen und ein letztes Mal 1½ Stunden bei Zimmertemperatur gehen lassen. Inzwischen den Backofen zusammen mit einem gusseisernen Topf auf 230 Grad erhitzen. Das Brot auf ein Stück Backpapier setzen und mit einer Rasierklinge oder einem sehr scharfen Messer einschneiden, damit der Dampf beim Backen entweichen kann und die Brotoberfläche nicht aufreißt. Das Brot in den gusseisernen Topf setzen und mit geschlossenem Deckel 25 Minuten backen. Den Deckel abnehmen und weitere 25 Minuten backen, bis das Brot goldbraun ist.

FÜR 1 RUNDES BROT

450 g Mehl
150 g Saatenmischung (Kürbiskerne, Mohn, Sesam, Sonnenblumenkerne)
13 g Salz
3 g Trockenhefe
310 g lauwarmes Wasser

TO GO

TIPPS Da es wirklich nur 2 Minuten dauert, bis man den Teig zusammengeknetet hat, kann man das sehr gut am Morgen machen. Der Teig kann dann den ganzen Tag über gehen und am Abend in den Backofen. Die Auswahl der Körner kann man problemlos dem persönlichen Geschmack anpassen. Bevor man das Brot anschneidet, sollte man es wenigstens 1 Stunde auskühlen lassen.

RUSTIKALES WEIZENBROT

Brotbacken ist gar nicht so schwer und aufwendig, wie man immer denkt. Man braucht nur das richtige Rezept – so wie das hier, bei dem man den Teig noch nicht einmal kneten muss.

500 g Mehl
360 g lauwarmes Wasser
4 g Trockenhefe
12 g Salz

TO GO

Mehl und Wasser in einer Schüssel verrühren und mit einem Tuch zugedeckt 15 Minuten ruhen lassen. Trockenhefe und Salz über den Teig streuen und mit feuchten Händen so lange einmassieren, bis beides komplett eingearbeitet ist.

Die Teigränder ein paarmal zur Mitte hin überschlagen. Zudecken, 20 Minuten ruhen lassen und den Vorgang wiederholen.

Erneut zudecken und den Teig etwa 5–6 Stunden gehen lassen, bis sich das Volumen verdoppelt hat und an der Oberfläche einige Blasen zu sehen sind.

Auf einer mit Mehl bestreuten Arbeitsfläche den Teig auf allen vier Seiten zur Mitte hin überschlagen. Den Teigling umdrehen und vorsichtig in eine runde Form bringen (die Oberfläche sollte nun schön straff sein).

Den Teigling in ein Gärkörbchen (oder eine mit einem Tuch ausgelegte Schüssel) setzen und zugedeckt noch einmal etwa 1 Stunde gehen lassen.

In der Zwischenzeit den Backofen mit einem gusseisernen Topf auf 230 Grad vorheizen. Den Teigling auf Backpapier legen, die Oberfläche mit einem scharfen Messer oder einer Rasierklinge einschneiden und in den gusseisernen Topf setzen. Mit dem Deckel verschließen und im Backofen 25 Minuten backen. Den Deckel abnehmen und noch einmal 20 Minuten backen.

TIPPS Das Brot bleibt in einem Brotbeutel etwa 3 Tage frisch. Man kann es aber auch in Scheiben schneiden und portionsweise einfrieren. Die Kantenstücke kann man trocknen lassen und mit dem Blitzhacker zu Semmelbröseln verarbeiten.

JERUSALEM-BAGELS

Bei diesem Rezept wird der Teigling vor dem Backen nicht gekocht. Der Bagel schmeckt sowohl zum Frühstück als auch zum Abendessen und ist außerdem noch vegan!

500 g Mehl
7 g Trockenhefe
15 g Salz
20 g Zucker
30 g Olivenöl
280 g Hafermilch

WEITERES
2 EL Hafermilch
1 EL Rübensirup
60 g Sesam

TO GO

Mehl, Trockenhefe, Salz und Zucker in einer Schüssel gut vermischen. Öl und Hafermilch dazugeben und alles mit der Küchenmaschine (mittlere Geschwindigkeit) zu einem geschmeidigen Teig verkneten.
Den Teig zugedeckt bei Zimmertemperatur so lange gehen lassen, bis er sein Volumen verdoppelt hat. Dann auf einer bemehlten Arbeitsfläche vorsichtig zusammendrücken (nicht kneten!) und in 6 gleich große Stücke teilen.
Die Teiglinge zu dünnen, etwa 20–30 cm langen Rollen formen, die Enden zusammenführen und festdrücken. Die Teigkringel auf einem mit Backpapier ausgelegten Backblech zugedeckt noch einmal 30–45 Minuten gehen lassen.
In der Zwischenzeit den Backofen auf 210 Grad vorheizen Hafermilch und Rübensirup verrühren. Die Teigkringel damit bestreichen und mit Sesam bestreuen. Etwa 15–20 Minuten goldbraun backen.

TIPPS Man kann den Teig natürlich auch mit der Hand kneten, das dauert nur länger (wenigstens 15 Minuten). Nach dem ersten Gehen kann man den Teig auch über Nacht im Kühlschrank ruhen lassen und erst am nächsten Morgen backen. Die Bagels lassen sich sehr gut einfrieren.

ERSATZ
Hafermilch → Kuhmilch
Rübensirup → Ei, Melasse, Agavendicksaft

PITA-BROT

Pita-Brot ist der handliche Snack schlechthin. Man kann die Brottaschen mit unzähligen Dingen – auch Saucen – füllen, ohne dass etwas herausläuft.

240 g lauwarmes Wasser
7 g Trockenhefe
2 TL Zucker
300 g Mehl
50 g Vollkornmehl
1 TL Salz
1 EL Olivenöl

TO GO

Wasser in eine Schüssel geben und Hefe und Zucker darüberstreuen. Etwa 5 Minuten stehen lassen, bis die Hefe anfängt zu schäumen.
Beide Mehlsorten und Salz in der Rührschüssel der Küchenmaschine vermischen. Hefe-Wasser-Mischung und Olivenöl zufügen und mit dem Knethaken auf mittlerer Geschwindigkeit etwa 7 Minuten kneten.
Den elastischen, leicht klebrigen Teig in eine eingeölte Schüssel legen und zugedeckt so lange gehen lassen, bis sich die Teigmenge verdoppelt hat (etwa 2 Stunden).
Den Teig in 6 gleich große Portionen teilen und auf einer bemehlten Arbeitsfläche zu Kugeln rollen. Zugedeckt etwa 20 Minuten gehen lassen.
Inzwischen den Ofen mit einem Pizzastein oder einem Backblech auf 275 Grad vorheizen. Die Teigkugeln mit dem Nudelholz zu dünnen Kreisen ausrollen, auf Backpapier legen und im Backofen etwa 4–6 Minuten backen.

TIPPS Immer nur zwei Teigkugeln auf einmal ausrollen und backen. Die noch warmen Pita-Brote mit einem Küchentuch zugedeckt warm halten. Als Füllung eignen sich zum Beispiel Bratenreste, Avocado, Salat, gegrilltes Gemüse und – ganz wichtig – eine Sauce (z. B. Tzaziki, Kräuterquark, Humus).

FOCACCIA

Für diese Focaccia braucht es ein bisschen Vorbereitung,
aber trotzdem hält sich die Arbeit in Grenzen.

**FÜR 1 GROSSE FORM (20 X 30 CM)
ODER 2 KLEINE FORMEN (9 X 13 CM)**

510 g Mehl
8 g Trockenhefe
12 g Salz
455 g lauwarmes Wasser
Olivenöl
Meersalzflocken
Rosmarin
Dattel- oder Kirschtomaten
Oliven

In einer großen Schüssel Mehl, Trockenhefe und Salz vermischen. Wasser zufügen und alles mit einem Silikonspatel
zu einem klebrigen Teig verrühren. Die Teigoberfläche
gut mit Olivenöl einreiben. Die Schüssel mit Plastikfolie
abdecken und im Kühlschrank 12–18 Stunden gehen lassen.
Am nächsten Tag den Boden der Form mit Backpapier
auslegen und 2 EL Olivenöl darauf verteilen.
Den Teig mit einer Teigkarte vorsichtig vom Rand der
Schüssel lösen und auf allen Seiten zur Mitte hin falten,
damit er die Form einer Kugel bekommt.
Den Teig in die Form gleiten lassen und mit Olivenöl vollständig einölen. (Der Teig muss wirklich mit Olivenöl
bedeckt sein, sonst trocknet er aus.) 3–4 Stunden bei
Zimmertemperatur gehen lassen.
Inzwischen den Backofen auf 220 Grad vorheizen.
Den Teig mit Olivenöl beträufeln und mit Rosmarin
bestreuen. Mit eingeölten Fingerspitzen den Teig so ein-
drücken, dass tiefe Kuhlen entstehen. (Falls der Teig die
Form noch nicht ausfüllt, den Teig vorher vorsichtig aus-
ziehen.) Mit Meersalzflocken bestreuen und mit halbierten
Datteltomaten und Oliven belegen.
Auf der mittleren Schiene im Backofen etwa 25–30 Minu-
ten backen, bis die Unterseite goldbraun und knusprig ist.
Die Focaccia aus der Form nehmen und auf einem Kuchengitter etwa 10 Minuten abkühlen lassen.

TIPPS Man kann den Focaccia-Teig auch gleich bei
Zimmertemperatur 3–4 Stunden gehen lassen, bis sich
das Volumen verdoppelt hat. Anschließend den Teig
in die Form geben, mit Öl vollständig umhüllen und
noch einmal 30–40 Minuten gehen lassen. Anschließend
wie oben beschrieben backen. Wenn etwas von der
Focaccia übrig bleibt, kann man sie aufschneiden und
wie ein Sandwich belegen.

FLAMMKUCHEN

Der original elsässische Flammkuchen kommt ohne Hefe aus – er ist die ideale Lösung, wenn der Kühlschrank mal wieder fast leer ist und es schnell gehen soll.

Mehl, Salz und Wasser verrühren und nur so lange kneten, bis der Teig zusammenhält. Zugedeckt 10 Minuten ruhen lassen.

In der Zwischenzeit den Speck in kleine Würfel und die Zwiebeln in Ringe schneiden.

Den Teig auf einer leicht bemehlten Arbeitsfläche sehr dünn ausrollen (etwa 3 mm) und auf ein mit Backpapier ausgelegtes Backblech legen. Crème fraîche auf den Teigfladen streichen und Speck und Zwiebeln darauf verteilen. Mit Pfeffer und etwas Muskat würzen. Flammkuchen im vorgeheizten Backofen bei 190 Grad etwa 15–18 Minuten backen.

FÜR 1 GROSSEN FLAMMKUCHEN

300 g Mehl
10 g Salz
200 g Wasser
250 g Südtiroler Bauernspeck
2 Zwiebeln
10 EL Crème fraîche
Pfeffer
Muskat

TIPPS Man kann den Belag natürlich auch abwandeln und den Flammkuchen z. B. mit Birnen und Ziegenkäse belegen. Wer möchte, viertelt den Teig und bäckt jeden Teigfladen extra – wie bei Pizza.

ERSATZ
Crème fraîche → Schmand, Saure Sahne

KÜRBISCREMESUPPE

Kürbissuppe ist ein Herbstklassiker, den man gut auf Vorrat kochen und einfrieren kann.

800 g Kürbis (ohne Schale)
2 EL Olivenöl
4 Kartoffeln
1 Lauchstange
250 g Milch
250 g Sahne
250 g Gemüsebrühe

WEITERES
4 EL Crème fraîche
4 TL Kürbiskernöl
2 EL geröstete Kürbiskerne

Den Kürbis in kleine Stücke schneiden und in einem Topf mit Olivenöl anschwitzen. Die Kartoffeln in Würfel und den Lauch in Ringe schneiden, zum Kürbis geben und mitdünsten. Milch, Sahne und Gemüsebrühe zufügen und alles zum Kochen bringen. Auf kleiner Flamme so lange köcheln lassen, bis das Gemüse weich ist.
Im Mixer fein pürieren und mit Crème fraîche, Kürbiskernöl und Kürbiskernen servieren.

TIPPS
Mit Ausnahme von Hokkaido-Kürbissen muss man alle Kürbissorten schälen.

ERSATZ
Milch → Sahne, mehr Gemüsebrühe
Crème fraîche → Schmand, Saure Sahne
geröstete Kürbiskerne → geröstete Brotwürfel

KARTOFFELSUPPE

In meiner Kindheit gab es samstags fast immer Eintopf. Das Kochen ging schnell und alle wurden satt. Kartoffelsuppe hatte ich am liebsten – wegen der gebratenen Fleischklößchen!

1 kg Kartoffeln
3 Karotten
1 Lauchstange
Gemüsebrühe
½ altbackene Semmel
1 kleine Zwiebel
250 g Faschiertes (Schwein)
1 Ei
Salz, Pfeffer
Butterschmalz
4 Würstchen
Petersilie

Kartoffeln und Karotten schälen und in Würfel schneiden. Lauch waschen und grob zerkleinern. Alles mit so viel Gemüsebrühe aufgießen, dass das Gemüse gut bedeckt ist. Zum Kochen bringen und weich kochen.
Die Semmel in Wasser einweichen. Inzwischen die Zwiebel in kleine Würfel schneiden. Mit Ei, der gut ausgedrückten Semmel, Salz und Pfeffer zum Faschierten geben. Gut vermischen und noch einmal abschmecken. Aus der Masse kleine Laibchen formen und in Butterschmalz braten. Die Würstchen in Scheiben schneiden und die Petersilie fein hacken. Die Kartoffeln und das Gemüse im Mixer fein pürieren. Eventuell etwas Gemüsebrühe nachgießen, wenn die Suppe zu dickflüssig ist. Fleischklößchen, Würstchen und Petersilie dazugeben.

ERSATZ
Butterschmalz → Pflanzenöl

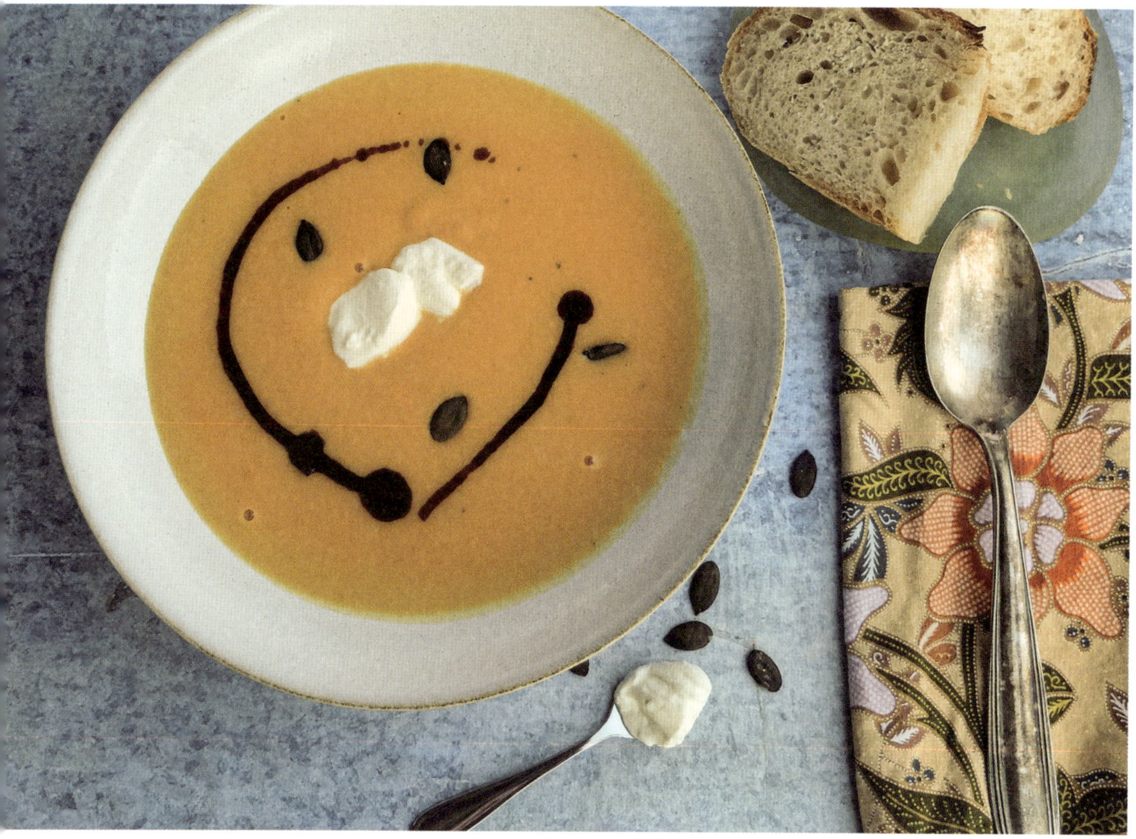

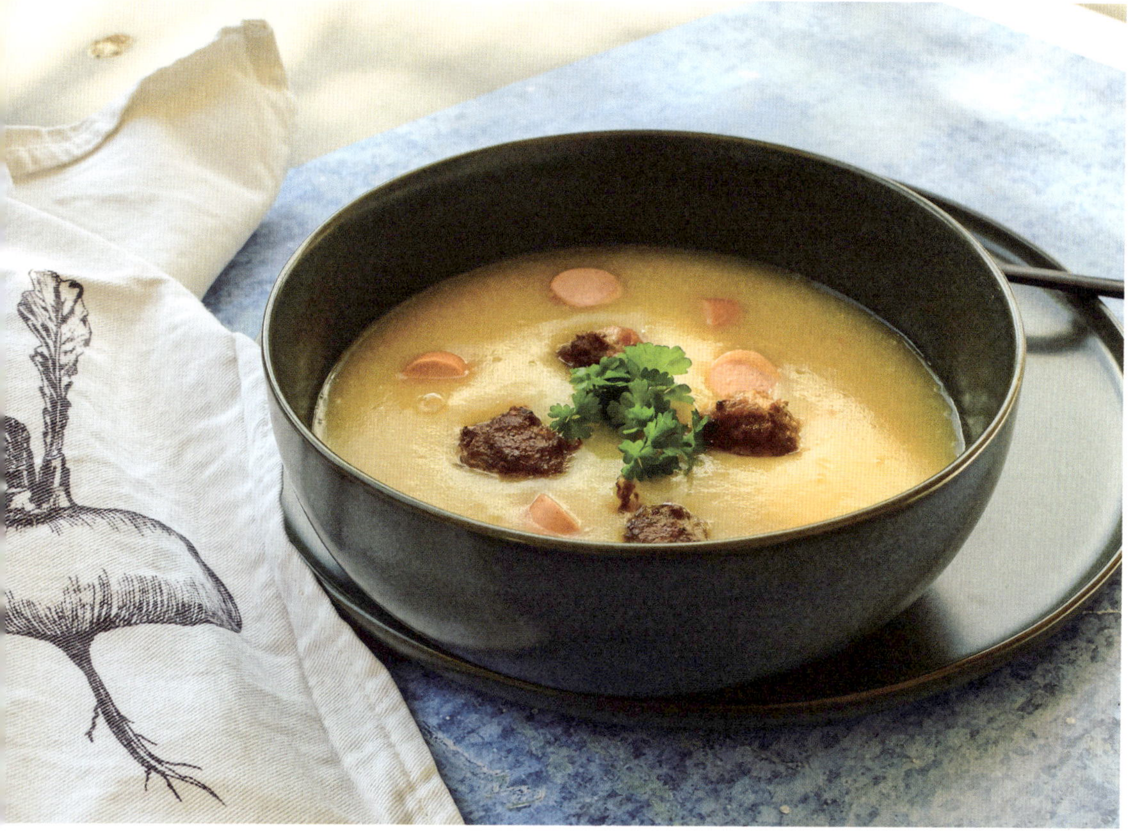

KALTE BLUMENKOHLSUPPE

Wenn es warm ist, möchte man eigentlich keine Suppe essen. Doch bei dieser Suppe ist das anders, denn sie ist kalt und sehr erfrischend. Was will man mehr?

1 Blumenkohl
1 l Milch
80 g Sahne
2 EL Salz
Muskat
Pfeffer
6 Scheiben altbackenes Brot
2 EL Olivenöl
100 g gebratene Blumenkohlröschen

Den Blumenkohl in kleine Röschen teilen und mit der Milch in einen mittelgroßen, hohen Topf geben. Mit Wasser auffüllen, sodass der Blumenkohl vollständig mit Flüssigkeit bedeckt ist. Langsam zum Kochen bringen und auf kleiner Flamme etwa 10 Minuten köcheln lassen.
Wenn der Blumenkohl weich ist, mit Sahne in einen Mixer geben und fein pürieren.
Mit Muskat und Pfeffer würzen und zugedeckt im Kühlschrank auskühlen lassen.
In der Zwischenzeit das Brot in kleine Würfel schneiden und in Olivenöl goldbraun rösten. Ebenfalls auskühlen lassen.
Suppe mit Blumenkohlröschen und Brotwürfeln servieren.

TIPP Man kann noch Petersilie oder Dill über die Suppe streuen.

ERSATZ
gebratene Blumenkohlröschen → gebratene Kartoffelwürfel

MELONEN-TOMATEN-SALAT
mit Feta

Man kann diesen erfrischenden Salat als Beilage zu Gegrilltem servieren, aber auch zum Picknick oder in der Lunchbox mitnehmen.

Die Tomaten grob zerteilen und in eine Schüssel geben, mit Chiliflocken würzen.
Die Melonen schälen, die Kerne entfernen und ebenfalls in grobe Stücke schneiden. Zu den Tomaten geben. Den Feta darüberbröseln und alles mit fein geschnittenen Minzblättern bestreuen.
Zitronensaft, Olivenöl und Honig glatt rühren und mit Salz und Pfeffer würzen. Über den Salat gießen und vorsichtig vermischen.

TIPPS Wichtig ist, dass die Tomaten sehr aromatisch sind, die Sorte spielt keine Rolle. Wer den Salat zur Arbeit oder zum Picknick mitnehmen möchte, sollte das Dressing separat transportieren und erst kurz vor dem Verzehr darübergießen. Man kann auch noch etwas Rucola unter den Salat mischen.

ERSATZ
Feta → Halloumi
Minze → glatte Petersilie
Honig → Ahornsirup

FÜR 4 PERSONEN

250 g Tomaten (rot, gelb, gestreift, lila)
1 TL Chiliflocken (oder weniger, je nach Geschmack)
½ Honigmelone
½ kleine Wassermelone
100 g Feta
10 Minzblätter
1 EL Zitronensaft
2 EL Olivenöl
1 EL Honig
Salz, Pfeffer

TO GO

COUSCOUS mit Pfirsichen und Mandeln

Couscous ist reich an Ballaststoffen und enthält sehr viel Eiweiß. Hier wird er mit süßen und sauren Aromen kombiniert.

FÜR DEN COUSCOUS
250 g Perl-Couscous
500 g Gemüsebrühe
Salz, Pfeffer
1 Zitrone
½ TL Olivenöl
2 Pfirsiche
2 Tomaten
Dill
Basilikum
60 g geröstete Mandelblättchen

FÜR DAS DRESSING
30 g Petersilie
120 g Olivenöl
1 Knoblauchzehe

Den Couscous in einem Topf ohne Fett ein paar Minuten toasten. Die Gemüsebrühe und etwas Salz zufügen und zum Kochen bringen. Auf kleiner Flamme mit geschlossenem Deckel etwa 10 Minuten köcheln lassen, bis der Couscous die Flüssigkeit absorbiert hat. Vom Herd nehmen und zugedeckt weitere 10 Minuten ruhen lassen.

Während der Couscous abkühlt, die Zitronenschale fein abreiben. Dann die Zitrone so schälen, dass die weiße Haut vollständig entfernt ist und das Fruchtfleisch filetieren. Die Zitronenfilets grob zerkleinern und zur Zitronenschale geben. Aus den nicht verwendeten Teilen den Saft auspressen und alles mit Olivenöl verrühren.

Die Zitronen-Olivenöl-Mischung zum Couscous geben und gut unterrühren.

Die Pfirsiche entsteinen und genau wie die Tomaten in Würfel schneiden. Die Kräuter fein schneiden. Zusammen mit den Mandelblättchen zum Couscous geben. Mit Salz und Pfeffer abschmecken und gut durchmischen.

Petersilie, Olivenöl, Knoblauch und etwas Salz im Mixer pürieren und auf dem Couscous verteilen.

TIPP Für das Dressing verwende ich am liebsten ein natives, nicht zu intensiv schmeckendes Olivenöl, da es sonst den Geschmack der Petersilie übertönt.

ERSATZ
Perl-Couscous → Bulgur
Tomaten → Gurke
Mandelblättchen → zerkleinerte, blanchierte Haselnüsse

SALAT mit Farro und Mozzarella

Bei diesem Salat kann man die Zutaten nach Lust und Laune abwandeln. Er ist nicht nur sättigend, sondern auch sehr gesund – also ideal zum Mitnehmen für die Mittagspause!

250 g Farro perlato (Perl-Dinkel)
½ Peperoni (Paprikaschote)
5 Dattel- oder Kirschtomaten
½ Gurke
40 g Rucola
100 g kleine Mozzarella-Kugeln
50 g Artischocken (in Öl eingelegt)
50 g getrocknete Tomaten
(in Öl eingelegt)
50 g schwarze Oliven (ohne Stein)
3 EL Zitronensaft
1 TL Honig
½ TL Chiliflocken
Olivenöl
Salz, Pfeffer
1 Burrata

TO GO

In einem Kochtopf ausreichend Salzwasser zum Kochen bringen. Farro dazugeben und einmal aufkochen lassen. Auf kleiner Flamme etwa 25 Minuten köcheln lassen. Abgießen und auskühlen lassen.

Peperoni, Datteltomaten und Gurke in dünne Streifen oder Würfel schneiden und in eine Schüssel geben. Farro, Rucola, Mozzarelline, geviertelte Artischocken und klein geschnittene getrocknete Tomaten dazugeben.

Zitronensaft, Honig, Chiliflocken, etwas Öl von den getrockneten Tomaten und Olivenöl zu einer Marinade verrühren und über den Salat gießen. Gut durchmischen und mit Salz und Pfeffer abschmecken. Burrata grob zerteilen und auf dem Salat anrichten.

TIPPS Wenn man eine andere Dinkelsorte verwendet, muss man das Getreide möglicherweise vor dem Kochen einweichen. Als Antipasto oder Beilage zum Grillen reicht die Menge für etwa 8 Personen.

ERSATZ
Farro → Quinoa, Perlgraupen
getrocknete Tomaten → mehr frische Tomaten
schwarze Oliven → grüne Oliven

PANZANELLA – Brotsalat

Mir schmeckt Panzanella am besten mit geröstetem Brot.
Der Salat ist ideal, um alt gewordenes Brot zu verarbeiten,
und er lässt sich gut vorbereiten.

250 g altbackenes Brot
1 TL Rosmarin
90 g Olivenöl
500 g Tomaten
1 Gurke
10 Basilikumblätter

FÜR DAS DRESSING
2 EL Weißweinessig
1 TL Dijon-Senf
6 EL Olivenöl
2 Sardellenfilets (in Öl)
1 Knoblauchzehe
Salz, Pfeffer

Das Brot in 1–2 cm große Würfel schneiden und in einer
Schüssel mit Rosmarin und Olivenöl vermengen. Auf ein
mit Backpapier ausgelegtes Backblech geben und im
auf 180 Grad vorgeheizten Backofen goldbraun rösten
(etwa 10–15 Minuten).
Die Tomaten in Spalten bzw. Würfel schneiden. In ein
Sieb geben und mit einem Löffel vorsichtig ausdrücken.
Den Saft dabei auffangen.
Die Gurke halbieren und in Scheiben schneiden.
Weißweinessig, Dijon-Senf und Olivenöl in ein Schraub-
glas füllen, verschließen und gut schütteln. Tomatensaft,
die zerkleinerten Sardellen und den fein geschnittenen
Knoblauch zufügen und noch einmal kräftig durch-
schütteln. Mit Salz und Pfeffer abschmecken.
Brotwürfel, Tomaten, Gurke und Basilikum in eine
Schüssel geben, mit Salz und Pfeffer würzen und das
Dressing darübergießen. Gut vermengen und mindes-
tens 20 Minuten, besser noch 1 Stunde ziehen lassen.

TIPPS Man kann natürlich auch noch Oliven oder
Zwiebelringe dazugeben. Wichtig ist, dass die Tomaten schön reif und aromatisch sind.

ERSATZ
Sardellenfilets → etwas mehr Salz

KARTOFFEL-RUCOLA-SALAT

Dieser Salat ist eine tolle Beilage zu Fleisch oder Fisch. Er lässt sich aber auch prima mitnehmen.

FÜR 4 PERSONEN

FÜR DEN SALAT
800 g kleine Kartoffeln
Salz, Pfeffer
Olivenöl
3 Frühlingszwiebeln
6 Radieschen
50 g Rucola

FÜR DAS DRESSING
30 g Rucola
10 g Basilikum
15 g Schnittlauch
1 Knoblauchzehe
15 g geröstete Pinienkerne
40 g geriebener Pecorino
2 EL Zitronensaft
1 TL Honig
100 g Olivenöl
Salz, Pfeffer

TO GO

Die Kartoffeln gut waschen, halbieren und mit der Schnittfläche nach unten auf einem mit Backpapier ausgelegten Backblech verteilen. Mit Salz und Pfeffer würzen und großzügig mit Olivenöl beträufeln. Im auf 220 Grad vorgeheizten Backofen ungefähr 35–45 Minuten rösten (je nach Dicke und Größe der Kartoffeln). Inzwischen die Frühlingszwiebeln in Ringe und die Radieschen in hauchdünne Scheiben schneiden. Rucola, Basilikum, Schnittlauch, Knoblauch, Pinienkerne, Pecorino, Zitronensaft und Honig im Blitzhacker fein zerkleinern. Olivenöl unterrühren und mit Salz und Pfeffer würzen.
Die gebratenen Kartoffeln etwa 10 Minuten auf dem Blech abkühlen lassen. Zusammen mit Frühlingszwiebeln, Radieschen, Rucola und dem Dressing in eine Schüssel geben und vorsichtig durchmischen. Eventuell mit Salz und Pfeffer nachwürzen.

TIPPS In der Lunchbox sollte man Salat und Dressing separat transportieren und erst kurz vor dem Essen vermengen. Wenn etwas vom Dressing übrig bleibt, kann man es 3–4 Tage im Kühlschrank aufbewahren.

ERSATZ
Pinienkerne → Mandeln, andere Nüsse
Rucola → mehr Basilikum
Pecorino → Parmesan

PASTA FREDDA –
der andere Nudelsalat

Ich liebe Pasta in allen Variationen. Und an heißen Sommertagen kommt sie einfach kalt auf den Tisch.

250 g Conchiglie
4–5 Tomaten
½ Knoblauchzehe
Salz, Pfeffer
Olivenöl
Basilikum
20 g Salzkapern
50 g Oliven (ohne Stein)
100 g Provolone
200 g Thunfischfilets (in Öl)
Salz, Pfeffer

TO GO

Während die Nudeln in reichlich kochendem Salzwasser bissfest garen, die Tomaten waschen und halbieren. Über einer Schüssel 2–3 Tomaten mit der Schnittfläche über die grobe Seite einer Vierkantreibe reiben, sodass nur die Schale zurückbleibt.
Mit zerdrücktem Knoblauch, Salz, Pfeffer, etwas Olivenöl und grob zerkleinerten Basilikumblättern würzen. Die restlichen Tomaten in Würfel oder Spalten schneiden.
Die Kapern gründlich mit kaltem Wasser abspülen und zusammen mit den Oliven zum Tomatenfruchtfleisch geben.
Die Nudeln abgießen, in eine Schüssel geben und mit reichlich Olivenöl vermengen.
Den Käse in Würfel schneiden und den Thunfisch in mundgerechte Stücke zupfen. Zusammen mit den Tomaten und der Sauce zu den Nudeln geben, vorsichtig vermischen und mit Salz und Pfeffer abschmecken.

TIPPS Die Tomaten sollten wirklich sehr reif, aromatisch und nicht wässrig sein. Nicht an der Qualität des kalt gepressten Olivenöls sparen!

ERSATZ
Conchiglie → andere kurze Nudeln
Provolone → Caciocavallo

DOPPELTES SANDWICH
mit Ei und Thunfisch

Ich finde, Sandwiches sind als Reiseproviant einfach unschlagbar. Sie liegen nicht so schwer im Magen und man kann sie mit allem Möglichen füllen. Besonders gerne mag ich diese hier.

FÜR DEN EIERSALAT
3 Eier
¼ TL Zucker
¼ TL Salz
Pfeffer
2 TL Milch
2 TL Mayonnaise

FÜR DEN THUNFISCH
1 kleine Frühlingszwiebel
(nur das Weiße)
1 Dose Thunfisch in Öl (80 g)
Salz, Pfeffer
2 TL Mayonnaise

WEITERES
6 Scheiben Kastenbrot
Butter
2 Salatblätter

Die Eier hart kochen, in kaltem Wasser abschrecken und pellen. In eine Schüssel geben und mit einer Gabel fein zerdrücken.

Zucker, Salz, Pfeffer und Milch zufügen und gut vermengen, Mayonnaise unterrühren.

Die Zwiebel fein schneiden und mit dem abgetropften Thunfisch vermischen. Mit Salz, Pfeffer und Mayonnaise verrühren.

Alle Brotscheiben dünn mit Butter bestreichen. Den Eiersalat gleichmäßig auf 2 Brotscheiben verteilen und mit 2 weiteren Brotscheiben (gebutterte Seite nach oben) bedecken. Mit Salatblättern belegen und den Thunfisch darauf verteilen. Mit den restlichen beiden Brotscheiben (gebutterte Seite nach unten) abdecken.

TIPPS Wer will, schneidet vorher die Rinde von den Brotscheiben ab. Am besten gesalzene Butter verwenden. Reste vom Eiersalat halten sich etwa 2 Tage im Kühlschrank.

BRUSCHETTA *mit Burrata*

Was macht man mit Brot, das nicht mehr knusprig ist? Ganz einfach: Bruschetta. Getoppt mit Burrata wird daraus Fingerfood vom Feinsten.

FÜR 4 PERSONEN

8 Scheiben altbackenes Weißbrot
Olivenöl
16 Dattel- oder Kirschtomaten
Salz, Pfeffer
Balsamico
Basilikum
1 Knoblauchzehe
2 kleine oder 1 große Burrata
Blutsauerampfer

Die Brotscheiben auf ein mit Backpapier ausgelegtes Backblech legen und mit Olivenöl beträufeln. Im vorgeheizten Backofen bei 200 Grad so lange rösten, bis das Brot goldbraun ist.
Inzwischen die Tomaten waschen und in Scheiben oder Würfel schneiden, mit Salz, Pfeffer, Balsamico, Olivenöl und fein geschnittenem Basilikum würzen und kurz marinieren lassen. Die gerösteten Brotscheiben mit der geschälten und angedrückten Knoblauchzehe einreiben und die Tomaten darauf verteilen.
Die Burrata zerkleinern und auf den Tomaten anrichten. Mit etwas Tomatendressing beträufeln und mit Blutsauerampfer garnieren.

TIPP Wenn man eine andere Tomatensorte verwendet, braucht man – je nach Größe – nur 1–2 Stück.

ERSATZ
Burrata → Mozzarella
Blutsauerampfer → Rucola

46

LACHS mit Kräuterkruste

Mit diesem unkomplizierten Rezept kann man Gäste beeindrucken. Und wenn man Tiefkühllachs verwendet, ist es auch nicht allzu teuer.

8 kleine Kartoffeln
2 EL weiche Butter
Salz
4 Lachsfilets (à 125 g)
1–2 EL Olivenöl
25 g Semmelbrösel
15 g Kräuter (Petersilie, Estragon, Thymian, Dill)
150 g Crème fraîche
½ Zitrone, Abrieb
1 TL Zitronensaft
Pfeffer

Die Kartoffeln gut waschen, im Abstand von 5 mm einschneiden und auf ein Backblech mit Backpapier legen. Mit weicher Butter einstreichen und mit Salz bestreuen. Im auf 200 Grad vorgeheizten Backofen 20–25 Minuten backen.

In der Zwischenzeit die Lachsfilets in eine mit Olivenöl eingeölte Auflaufform setzen. Semmelbrösel und Kräuter im Blitzhacker fein zerkleinern. Crème fraîche, Zitronenabrieb und -saft mit der Brösel-Kräuter-Mischung vermengen und mit Salz und Pfeffer abschmecken.

Die Brösel-Kräuter-Masse gleichmäßig auf den Lachsfilets verteilen und im Backofen bei 200 Grad etwa 15 Minuten garen. Wenn die Kruste noch zu hell ist, etwa 2 Minuten bei 250 Grad unter dem Backofengrill goldbraun übergrillen.

TIPP Tiefkühllachs muss vor der Verwendung langsam auftauen. Das geht am besten über Nacht im Kühlschrank.

ERSATZ
Crème fraîche → Schmand, Saure Sahne

47

BACKFISCH mit lauwarmem Apfel-Kartoffel-Salat

Kinder mögen Fisch am liebsten in Form von Fischstäbchen. Selbst gemacht schmecken sie noch einmal so gut.

FÜR DEN APFEL-KARTOFFEL-SALAT
800 g Kartoffeln
1 Apfel
1 TL Zitronensaft
3–4 Gewürzgurken
6–8 Datteltomaten
250 g Mayonnaise
6 EL Naturjoghurt
Salz, Pfeffer
Schnittlauch

FÜR DEN BACKFISCH
400 g Kabeljaufilet (ohne Gräten)
Salz, Pfeffer
Mehl
2 Eier
Semmelbrösel
Butterschmalz

Die Kartoffeln mit Schale weich kochen, abgießen und etwas abkühlen lassen.

Inzwischen den Apfel schälen, entkernen, in kleine Würfel schneiden und mit etwas Zitronensaft beträufeln. Gewürzgurken und Datteltomaten ebenfalls in kleine Würfel schneiden. Alles in eine große Schüssel geben. Mayonnaise und Joghurt verrühren und mit Salz und Pfeffer würzen.

Die Kartoffeln pellen, in dünne Scheiben schneiden, in die Schüssel geben und salzen. Die Mayonnaise-Joghurt-Mischung über den Salat gießen, fein geschnittenen Schnittlauch dazugeben und alles vorsichtig vermengen.

Fisch portionieren (etwa 4 x 6 cm), salzen, pfeffern und mit Mehl bestäuben. Die Eier verquirlen und mit Salz und Pfeffer würzen.

Den Fisch durch das verquirlte Ei ziehen und mit Semmelbröseln panieren. Im heißen Butterschmalz auf beiden Seiten goldgelb braten.

ERSATZ
Kabeljau → anderer festfleischiger Fisch

LAUWARMER LINSENSALAT
mit gebratenem Saibling

Vom Salat mache ich immer etwas mehr, dann habe ich ein Mittagessen to go. Wer keinen Fisch mag, isst einfach gegrillten Käse oder ein gebratenes Blumenkohlsteak dazu.

100 g Linsen (braune Berglinsen
oder Beluga-Linsen)
200 g Karotten
200 g Lauch
Olivenöl
Salz, Pfeffer
2 EL Balsamico
1 EL Rotweinessig
4 Saiblingsfilets
1–2 EL Speisestärke
Butterschmalz

TO GO

Salat = to go

Die Linsen in einen Topf mit reichlich kaltem Wasser geben. Zum Kochen bringen und etwa 25 Minuten garen.

Inzwischen die Karotten schälen und in winzige Würfel schneiden. Den Lauch waschen und ebenfalls in winzige Würfel schneiden.

Olivenöl in einem Topf erhitzen und die Gemüsewürfel darin anschwitzen. Eventuell etwas Wasser dazugeben und mit geschlossenem Deckel 5 Minuten garen. Mit Salz und Pfeffer würzen.

Die Linsen abgießen und zum Gemüse geben. Mit Salz, Pfeffer, Balsamico, Rotweinessig und Olivenöl abschmecken.

Mit einem kleinen Teesieb die Saiblingsfilets auf der Hautseite leicht mit Speisestärke bestreuen. Butterschmalz in einer Pfanne erhitzen. Den Fisch mit der Hautseite nach unten hineinlegen und bei mittlerer Hitze etwa 5 Minuten schön kross braten.

Die Pfanne vom Herd nehmen, Saiblingsfilets wenden und noch etwa 1 Minute in der heißen Pfanne garen.

TIPP Die Saiblingsfilets sollten wirklich nur auf der Hautseite braten. Wenn sich die Farbe des Fischfleisches an den Rändern verändert, kann man die Hitze ausschalten und die Filets wenden.

ERSATZ
Saibling ⟶ Forelle
Speisestärke ⟶ Mehl

SPARGEL-QUICHE

Eine Quiche ist, ob warm oder kalt, immer eine gute Idee.
Sie ist die perfekte Begleitung zum Aperitif, macht aber –
zusammen mit einem Salat – auch als Abendessen alle satt
und glücklich.

FÜR DEN TEIG
250 g Mehl
3 g Salz
125 g weiche Butter
1 Eigelb
3 EL kaltes Wasser
1 Eiweiß

FÜR DIE FÜLLUNG
200 g Speck
500 g grüner Spargel
3 Eier
250 g Sahne
50 g geriebener Parmesan
Pfeffer

Mehl mit Salz und Butter zu einer krümeligen Masse verreiben. Eigelb und Wasser dazugeben und alles schnell
zu einem glatten Teig verkneten (nicht zu lange kneten,
sondern aufhören, sobald der Teig zusammenhält). Den
Teig flach drücken und in Klarsichtfolie gewickelt im
Kühlschrank etwa 20 Minuten ruhen lassen.
In der Zwischenzeit die Speckwürfel in einer Pfanne
knusprig braten. Herausnehmen und auf Küchenpapier
abtropfen lassen. Den Spargel am unteren Ende schälen, in 2 cm lange Stücke schneiden (die Köpfchen
länger lassen) und etwa 5 Minuten unter Rühren in
der Pfanne braten.
Eier in einer Schüssel mit Parmesan und Sahne verrühren und mit Pfeffer würzen.
Den Teig auf einer bemehlten Arbeitsfläche dünn ausrollen und eine Tarteform damit auslegen. Den Boden
mit einer Gabel einstechen und mit Eiweiß bestreichen.
Speckwürfel und Spargel auf dem Boden verteilen und
die Ei-Sahne-Mischung darübergießen.
Im vorgeheizten Backofen bei 190 Grad (Umluft) etwa
25 Minuten backen.

TIPP Die Menge ist für eine große Tarteform
berechnet, sie reicht aber auch für 6 kleine Formen.

PARMIGIANA

Parmigiana sollte nie heiß, sondern immer lauwarm serviert werden. Wie jeder Auflauf schmeckt sie aufgewärmt sogar noch besser.

3 runde Melanzane (Auberginen)
800 g Dosentomaten
1 Zwiebel
2 Knoblauchzehen
1 EL Olivenöl
Oregano
1 TL Zucker
Salz, Pfeffer
½ Peperoncino
Semmelbrösel
4 Mozzarella-Kugeln
200 g geriebener Parmesan
6–8 Basilikumblätter

Die Melanzane in dünne Scheiben schneiden. Auf ein mit Backpapier ausgelegtes Backblech legen und unter dem Backofengrill bei großer Hitze auf beiden Seiten bräunen, aber nicht verbrennen lassen.
In der Zwischenzeit Zwiebel und Knoblauch fein schneiden und in Olivenöl glasig anschwitzen. Die Tomaten dazugeben und mit Oregano, Zucker und etwas Salz würzen. Die Tomatensauce mindestens 30 Minuten köcheln und sämig einkochen lassen. Mit Salz, Pfeffer und etwas Peperoncino abschmecken.
Den Boden einer Auflaufform mit Melanzanescheiben bedecken und etwas Tomatensauce draufgeben. Mit Semmelbröseln bestreuen und mit ein paar Scheiben Mozzarella belegen. Einige Basilikumblätter draufgeben und mit Parmesan bestreuen. Den Vorgang so lange wiederholen, bis alle Zutaten aufgebraucht sind. Mit Tomatensauce und Parmesan abschließen.
Im auf 180 Grad vorgeheizten Backofen etwa 30–40 Minuten garen, bis sich eine schöne Kruste gebildet hat.

TIPP Man kann die Melanzanescheiben auch salzen, beschweren und 10 Minuten Wasser ziehen lassen. Anschließend trocken tupfen und in einer Grillpfanne (mit ganz wenig Öl) auf beiden Seiten braten.

ERSATZ
Melanzane ⟶ Zucchini

ROSENKOHL mit Haselnüssen und Brotsauce

Die einen lieben ihn, die anderen nicht. Doch gebraten und in Kombination mit der Brotsauce schmeckt Rosenkohl selbst eingefleischten Kohlgegnern!

FÜR 3 PERSONEN

FÜR DIE BROTSAUCE
550 g Milch
100 g Sahne
50 g Butter
1 Lorbeerblatt
5 Knoblauchzehen
1 Schalotte
6 Pfefferkörner
Muskat
100 g altbackenes Brot

FÜR DEN ROSENKOHL
180 g Rosenkohl
Olivenöl
30 g Haselnüsse
10 Salbeiblätter
50 g Butter
Salz, Pfeffer

Milch, Sahne, Butter, Lorbeer, Knoblauchzehen, Schalotte, Pfefferkörner und Muskat in einem Topf zum Kochen bringen und etwa 5 Minuten kochen lassen. Vom Herd nehmen und zugedeckt wenigstens 30 Minuten ziehen lassen.
Inzwischen den Rosenkohl putzen und halbieren. Die Milch-Sahne-Mischung durch ein Sieb passieren und wieder in den Topf gießen. Das Brot fein zerkleinern, dazugeben und so lange köcheln lassen, bis die Sauce eindickt. Mit Salz und Pfeffer würzen.
Den Rosenkohl (mit der Schnittfläche nach unten) in Olivenöl 2–3 Minuten anbraten. Haselnüsse, den in feine Streifen geschnittenen Salbei und die Butter zufügen und noch ungefähr 1 Minute unter Rühren weiterbraten. Mit Salz und Pfeffer würzen.

TIPPS Wenn die Sauce zu fest wird, kann man noch etwas Milch oder Sahne unterrühren. Der Rosenkohl sollte nicht zu lange gegart werden, sondern noch Biss haben. Man kann das Gericht auch als Beilage zu Fleisch servieren, muss man aber nicht.

ERSATZ
Schalotte → weiße Zwiebel
Haselnüsse → Kastanien
Salbei → Minze

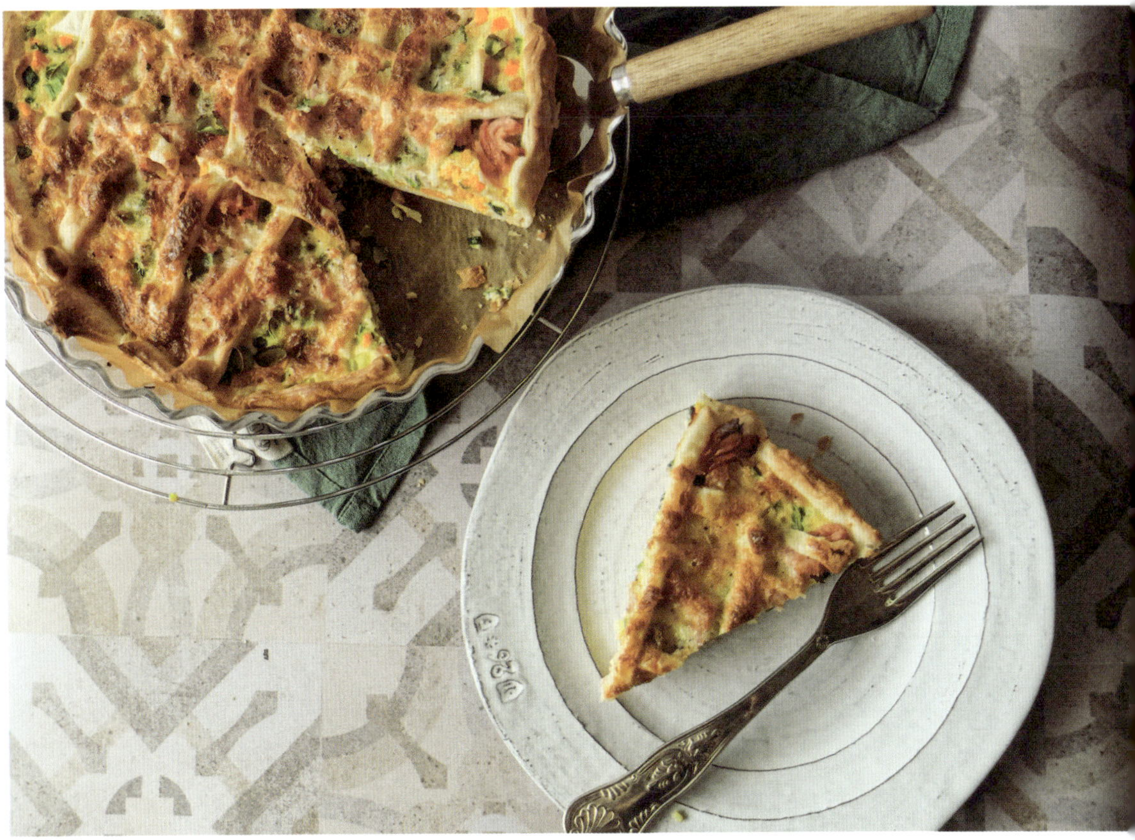

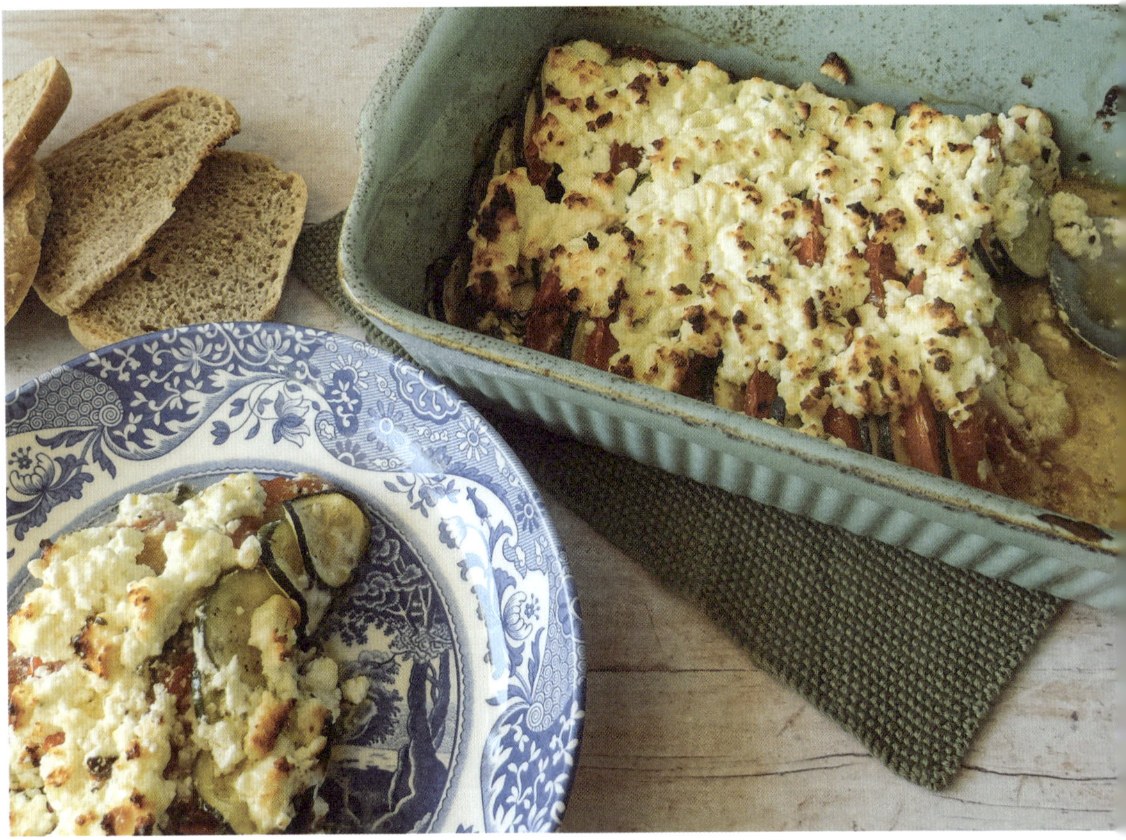

GEMÜSEQUICHE

Das ist der weltbeste Gemüse-
kuchen! Ich esse ihn am liebsten
warm mit Salat, aber er schmeckt
auch am nächsten Tag.

FÜR 4 PERSONEN

1 Pkg. Blätterteig (frisch oder tiefgekühlt)
3 mittelgroße Karotten
2 kleine Zucchini
2–3 Frühlingszwiebeln
100 g Schinken
3 Eier
150 g Sahne
30 g Parmesan
Salz, Pfeffer

Den Blätterteig aus der Packung nehmen, eine
Tarteform damit auskleiden und den Boden mit
einer Gabel einstechen. Die überstehenden
Teigränder abschneiden und in schmale Streifen
schneiden.
Karotten und Zucchini in kleine Würfel, Frühlingszwiebeln in feine Ringe schneiden. Karotten 4 Minuten in kochendem Salzwasser blanchieren, die Zucchini dazugeben und weitere
2 Minuten blanchieren. Abgießen und gut
abtropfen lassen.
Inzwischen den Schinken in Streifen schneiden.
Eier, Sahne und Parmesan verquirlen und mit
Salz und Pfeffer würzen.
Das Gemüse auf dem Tarteboden verteilen,
Frühlingszwiebeln und Schinken darüberstreuen
und die Blätterteigstreifen gitterförmig darauflegen.
Die Eier-Sahne-Mischung darübergießen und im
auf 200 Grad vorgeheizten Backofen etwa
20–25 Minuten backen.

ERSATZ
Blätterteig → Mürbeteig

ZUCCHINI-TOMATEN-GRATIN

Mein Lieblingsessen an warmen
Sommertagen. Dazu ein Stück
Weißbrot und man fühlt sich wie
im Urlaub.

FÜR 4 PERSONEN

2–3 Zucchini
3–4 Tomaten
Salz, Pfeffer
200 g Feta
250 g Frischkäse
2 Thymianzweige
Olivenöl

Zucchini und Tomaten waschen, in dünne
Scheiben schneiden und abwechselnd dach-
ziegelartig in eine Auflaufform schichten.
Mit Salz und Pfeffer würzen.
Feta und Frischkäse gut mit einer Gabel vermengen. Thymian von den Stielen zupfen und
die Blättchen untermischen.
Die Käsemischung auf dem Gemüse verteilen
und mit Olivenöl beträufeln.
Das Gratin im auf 200 Grad (Umluft) vorgeheizten Backofen etwa 40–50 Minuten garen.
Aus dem Backofen nehmen und noch einmal
großzügig mit Olivenöl beträufeln.

TIPPS Die Menge der Zucchini und Tomaten
kann je nach Größe der Form variieren.
Falls der Käse zu stark bräunt, ehe die Zucchini
weich sind, den Auflauf einfach mit Alufolie
abdecken.

KARTOFFEL-FRITTATA mit Salat

Frittata ist ein herrliches Abendessen, wenn es schnell gehen soll und im Kühlschrank noch ein paar gekochte Kartoffeln warten.

5–6 gekochte Kartoffeln
2 Schalotten
Olivenöl
6–8 Eier
Salz, Pfeffer
gemischter Salat
Tomaten
Mais
Mini-Mozzarella
Balsamico

Kartoffeln pellen und in Würfel schneiden. Mit der fein geschnittenen Schalotte in Olivenöl kurz anschwitzen. (Sie sollen nicht bräunen!) Eier mit Salz und Pfeffer verquirlen. Kartoffel-Schalotten-Mischung dazugeben und gut verrühren.
Die Eier-Kartoffel-Mischung in die Pfanne gießen und so lange braten, bis das Ei gestockt ist.
Die Frittata mit einem Pfannenwender vom Rand lösen. Einen Teller auf die Pfanne legen und umdrehen. Zurück auf den Herd stellen, etwas Olivenöl hineingeben und die Frittata vom Teller in die Pfanne gleiten lassen. Noch einmal 4–5 Minuten braten.
Mit Salat nach Wahl servieren.

TIPP In die Frittata kann jedes Gemüse, aber auch gebratener Speck – der Fantasie sind keine Grenzen gesetzt. Man kann sie auch mit rohen Kartoffeln zubereiten.

ERSATZ
Schalotten → kleine weiße Zwiebeln

GEBRATENER BLUMENKOHL mit Stampfkartoffeln

Dieser im Ofen gebratene Blumenkohl ist einfach eine Wucht – nicht nur für Vegetarier.

800 g mehligkochende Kartoffeln
1 Blumenkohl
3–4 EL Olivenöl
1 TL edelsüßes Paprikapulver
Salz, Pfeffer
1 TL Zitronensaft
1 TL Thymian
1 Mozzarella-Kugel
20 g weiche Butter
2 EL Frischkäse
1 EL Milch
Muskat
3 EL Kräuter (Petersilie, Thymian, Basilikum, Schnittlauch)

Kartoffeln schälen und weich kochen.

Inzwischen den Blumenkohl halbieren, in 1 cm dicke Scheiben schneiden und auf ein mit Backpapier ausgelegtes Backblech legen.

Olivenöl mit Paprikapulver, Salz, Pfeffer, Zitronensaft und Thymian zu einer Marinade verrühren und den Blumenkohl damit rundherum einstreichen.

Den Blumenkohl im auf 200 Grad vorgeheizten Backofen so lange garen, bis er weich und goldbraun ist (etwa 15–20 Minuten).

Mozzarella klein schneiden, über den Blumenkohl streuen und so lange überbacken, bis der Käse geschmolzen ist.

Die Kartoffeln abgießen. Frischkäse und Milch verrühren und zusammen mit der Butter zu den Kartoffeln geben. Alles mit einem Kartoffelstampfer zerdrücken und mit Salz, Pfeffer, Muskat und fein geschnittenen Kräutern würzen.

ZUCCHINI-PUFFER
mit Zitronen-Joghurt-Sauce

Dieses Rezept ist eine wunderbare Möglichkeit, Riesenexemplare oder Unmengen Zucchini aus dem Garten zu verarbeiten.

Joghurt, Zitronensaft und -abrieb sowie Olivenöl gut verrühren. Mit Salz und Dill würzen und bis zur weiteren Verwendung in den Kühlschrank stellen.

Die Zucchini raspeln, auf ein Küchentuch geben und gut ausdrücken. Die Schalotten in kleine Würfel schneiden, Dill hacken, Eier und Eigelb verquirlen. Alles mit den Zucchini-Raspeln vermengen. Mehl, Salz und Backpulver zufügen und mit einem Holzlöffel unterrühren. Ausreichend Butterschmalz in einer Pfanne erhitzen. Die Zucchini-Masse mit einem Löffel portionsweise hineingeben, flach drücken und braten, bis die Unterseite goldbraun ist (etwa 2–3 Minuten). Wenden und noch einmal 2–3 Minuten braten. Den Vorgang so lange wiederholen, bis die Zucchini-Masse aufgebraucht ist. Die Zucchini-Puffer auf Küchenpapier abtropfen lassen, salzen und mit der Sauce servieren.

FÜR 4 PERSONEN

FÜR DIE ZITRONEN-JOGHURT-SAUCE
250 g Naturjoghurt
2 EL Zitronensaft
½ TL Zitronenabrieb
2 EL Olivenöl
Salz, Pfeffer
Dill

FÜR DIE ZUCCHINI-PUFFER
3 mittelgroße Zucchini
2 Schalotten
2 EL Dill
2 Eier
1 Eigelb
75 g Mehl
1 TL Salz
1 TL Backpulver
Butterschmalz

ERSATZ
Schalotten → kleine weiße Zwiebeln
Dill → glatte Petersilie
Butterschmalz → Pflanzenöl

SPARGEL mit Bozner Sauce

Die Spargelzeit ist kurz und man sollte sie unbedingt nutzen. Das köstliche Gemüse gart hier im Ofen und die Sauce ist im Handumdrehen fertig. Man muss also nichts weiter tun, als es sich mit einem Glas Wein gemütlich zu machen.

FÜR 4 PERSONEN

FÜR DEN SPARGEL
12 Stangen weißer Spargel
12 Stangen grüner Spargel
Salz, Pfeffer
½ TL brauner Zucker
Muskat
100–150 g Butter
4–8 EL Gemüsebrühe

FÜR DIE BOZNER SAUCE
4 hart gekochte Eier
2 EL Dijon-Senf
80–100 g Olivenöl
1 EL weißer Balsamico
Zitronensaft
Salz, Pfeffer

Den weißen Spargel ganz und den grünen nur im unteren Drittel schälen.

Je drei Stangen weißen und drei Stangen grünen Spargel auf ausreichend große Stücke Alufolie legen und mit Salz, Pfeffer, etwas Zucker und Muskat würzen.

Mit Butterflöckchen belegen und die Alufolie an den Seiten hochschlagen. Etwas Gemüsebrühe dazugeben und die Alufolie gut verschließen.

Die Päckchen auf ein Backblech legen und im auf 190 Grad vorgeheizten Backofen etwa 30–45 Minuten garen (je nach Dicke des Spargels).

Inzwischen die hart gekochten Eier pellen, halbieren und das Eigelb mit einem Löffel herausheben. Das Eigelb mit einer Gabel fein zerdrücken. Senf und Olivenöl zufügen und gut verrühren. Das Eiweiß und den Schnittlauch fein hacken und unter die Sauce rühren. Mit weißem Balsamico, Salz und Pfeffer abschmecken.

TIPPS Man kann den Spargel auch im Bratschlauch oder in Pergamentpapier garen. Ich verwende für die Bozner Sauce immer ein natives, nicht zu intensives Olivenöl. Man kann aber auch Raps- oder Sonnenblumenöl verwenden – Hauptsache es ist kalt gepresst.

ERSATZ
brauner Zucker → Honig
weißer Balsamico → Weißweinessig

GEBRATENE POLENTA
mit Gemüseallerlei

An Gemüse kann man immer das nehmen, was gerade im Garten wächst oder frisch auf dem Markt erhältlich ist.

FÜR 4 PERSONEN

FÜR DIE POLENTA
2 Knoblauchzehen
200 g Gemüsebrühe
400 g Milch
1 EL Olivenöl
2 Rosmarinzweige
2 Thymianzweige
Salz
150 g Instant-Polentamehl
1 Ei
100 g geriebener Parmesan

FÜR DAS GEMÜSE
2 Karotten
2 Zucchini
1 Lauchstange
1 gelbe Peperoni (Paprikaschote)
Olivenöl
Salz, Pfeffer
Schnittlauch oder Petersilie

WEITERES
Butterschmalz
1 Rosmarinzweig
1 Thymianzweig
Parmesan
Basilikum

Den Knoblauch schälen, andrücken und zusammen mit Gemüsebrühe, Milch, Olivenöl, Rosmarin, Thymian und etwas Salz in einem Topf aufkochen lassen. Die Hitze reduzieren und das Polentamehl mit einem Schneebesen einrühren. Unter Rühren auf kleiner Flamme etwa 5 Minuten garen, bis auf dem Topfboden ein weißer Film zu erkennen ist. Knoblauch, Rosmarin und Thymian entfernen und das Ei und den Parmesan unterrühren. Die Polenta in eine mit Backpapier ausgelegte Auflaufform geben und glatt streichen.
Während die Polenta auskühlt, das Gemüse putzen und in kleine Würfel schneiden. In Olivenöl farblos anschwitzen und weich dünsten. Mit Salz, Pfeffer und fein geschnittenem Schnittlauch würzen.
Die Polenta aus der Form nehmen und in Rechtecke schneiden. Butterschmalz in einer Grillpfanne erhitzen und die Polenta mit Rosmarin und Thymian darin auf beiden Seiten braten.
Mit dem Gemüse anrichten und mit Parmesanspänen und Basilikum garnieren.

TIPP Ich verwende gerne weißes Polentamehl. Instant-Polenta ist schneller fertig, aber man kann auch ganz normales Polentamehl verwenden, das dann allerdings 20–30 Minuten kochen muss.

ERSATZ
Parmesan → Pecorino, anderer Hartkäse

COUSCOUS mit Ratatouille und gegrilltem Tomino

Ratatouille passt nicht nur zu Couscous, sondern auch zu Fisch. Am besten man kocht gleich etwas mehr und friert den Rest für später ein.

FÜR DAS RATATOUILLE
1 große Zwiebel
2 Knoblauchzehen
2 EL Olivenöl
2 Zucchini
2 gelbe Peperoni (Paprikaschote)
1 EL Tomatenmark
edelsüßes Paprikapulver
Salz, Pfeffer
4 Tomaten oder 1 Dose geschälte Tomaten
2 Thymianzweige
1 Rosmarinzweig
Weißwein- oder Rotweinessig

FÜR DEN COUSCOUS
2 Karotten
1 Zucchini
½ gelbe Peperoni (Paprikaschote)
1 EL Olivenöl
Salz, Pfeffer
½ TL Raz el-Hanout
200 g Couscous
200 g heiße Gemüsebrühe

WEITERES
4 Tomino-Käse

Die Zwiebel schälen und in Ringe schneiden. Zusammen mit den fein geschnittenen Knoblauchzehen in Olivenöl farblos anschwitzen. Zucchini und Peperoni waschen und in Würfel oder Streifen schneiden. Zu den Zwiebeln geben und kurz mitdünsten lassen. Tomatenmark unterrühren und mit Paprikapulver, Salz und Pfeffer würzen. In kleine Würfel geschnittene Tomaten, Thymian und Rosmarin zufügen und alles bei mittlerer Hitze etwa 20 Minuten köcheln lassen. Mit Salz, Pfeffer und Essig abschmecken.

Inzwischen Karotten, Zucchini und Peperoni in winzig kleine Würfel schneiden und in Olivenöl ein paar Minuten dünsten. Mit Salz, Pfeffer und Raz el-Hanout würzen. Das Gemüse vom Herd nehmen, den Couscous dazugeben und unterrühren. Mit heißer Gemüsebrühe aufgießen und abgedeckt etwa 5–10 Minuten quellen lassen.

Den Tomino auf beiden Seiten 2–3 Minuten grillen (die Oberfläche soll weich sein, aber nicht aufplatzen). Den Couscous mit einer Gabel auflockern und etwas Olivenöl unterrühren.

TIPP Raz el-Hanout ist eine nordafrikanische Gewürzmischung, die eine Vielzahl von süßlichen (Zimt, Nelken, Muskat), herben und scharfen (Chili und Ingwer) Gewürzen enthält.

ERSATZ
Raz el-Hanout → Currypulver
Couscous → Bulgur
Tomino → Halloumi, Camembert

ERBSENRISOTTO

Frische Erbsen bringen mit ihrer leuchtend grünen Farbe den Frühling auf den Teller. Dank Tiefkühlware kann man sich aber auch im Winter an diesem Risotto erfreuen.

450 g Erbsen (frisch oder tiefgekühlt)
10 g Petersilie
Salz, Pfeffer
350 g Carnaroli- oder anderer Risottoreis
Olivenöl
1 l heiße Gemüsebrühe
20 g geriebener Parmesan
20 g geriebener Pecorino
30 g Kräuterbutter (siehe Seite 119)

Erbsen etwa 2 Minuten in Salzwasser garen, abgießen und 50 g beiseitestellen. Die restlichen Erbsen mit den Petersilienblättern und 100 g Gemüsebrühe im Mixer fein pürieren. Mit Salz und Pfeffer kräftig abschmecken.
Den Reis in Olivenöl toasten. Nach und nach mit Gemüsebrühe aufgießen und gelegentlich umrühren.
Wenn der Reis bissfest ist, Erbsenpüree und Erbsen dazugeben und noch 1 Minute kochen lassen. Käse und Kräuterbutter unterrühren und noch einmal mit Salz und Pfeffer abschmecken.

TIPP Der Risotto schmeckt noch besser, wenn man noch fein geschnittene Minzblätter unterrührt.

ERSATZ
Kräuterbutter → normale Butter

RISOTTO mit Fave und Guanciale

Das aufwendigste an diesem Risotto ist die Vorbereitung der Fave. Der Rest ist in nicht einmal 20 Minuten erledigt.

250 g Fave (Dicke Bohnen)
320 g Carnaroli- oder anderer Risottoreis
Olivenöl
100 g Guanciale
1 l Gemüsebrühe
Salz, Pfeffer
40 g geriebener Parmesan

Die Fave aus den Schoten pulen, kurz in kochendem Salzwasser blanchieren, kalt abschrecken und aus ihrer wachsartigen Hülle drücken.
Reis in Olivenöl toasten. Nach und nach mit Gemüsebrühe aufgießen und gelegentlich umrühren.
Guanciale in Würfel schneiden und kross braten. Kurz vor Garende die Fave zum Risotto geben und 2–3 Minuten mitgaren. Parmesan und Guanciale mit dem ausgelassenen Fett unter den Risotto rühren. Mit Salz und Pfeffer würzen.

TIPPS Ich koche Risotto immer auf diese Weise und gebe das jeweilige Gemüse (z. B. Zucchini) erst kurz vor Garende dazu. Damit es trotzdem gar wird, schneide ich es in sehr kleine Würfel.

ERSATZ
Fave → Edamame
Guanciale → Pancetta, Speck
Parmesan → Pecorino

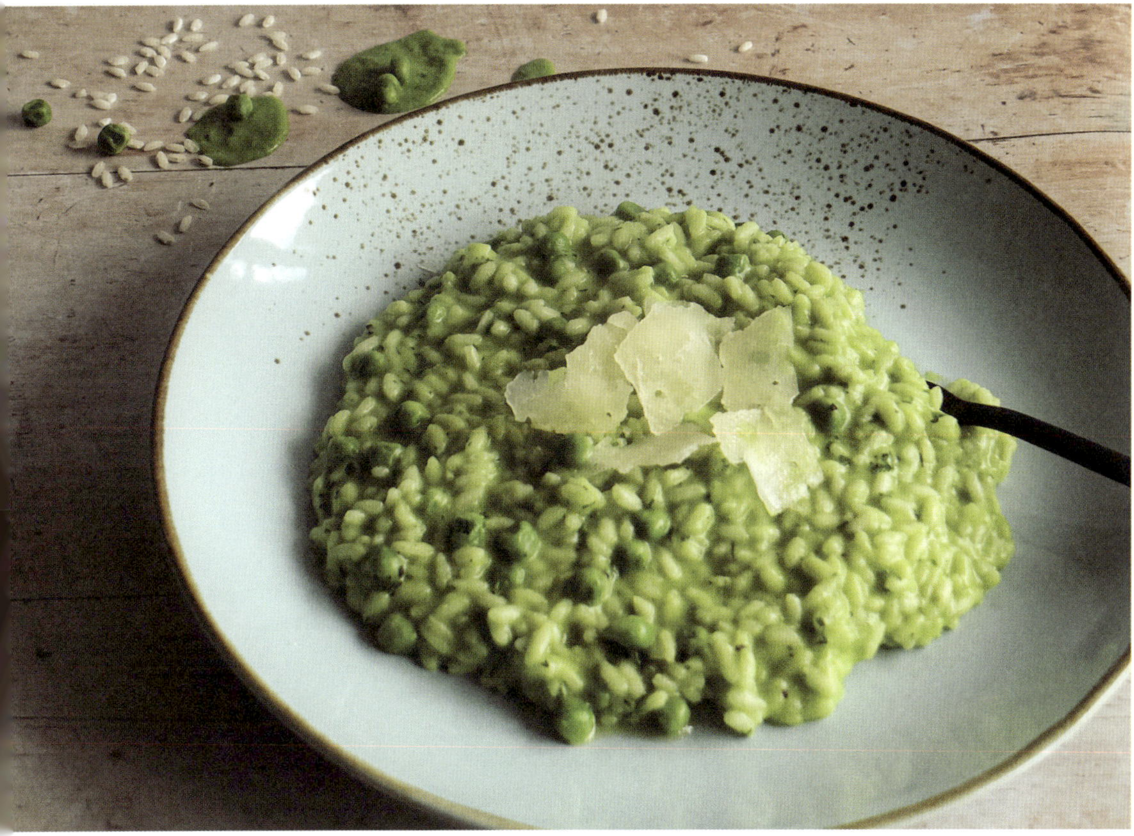

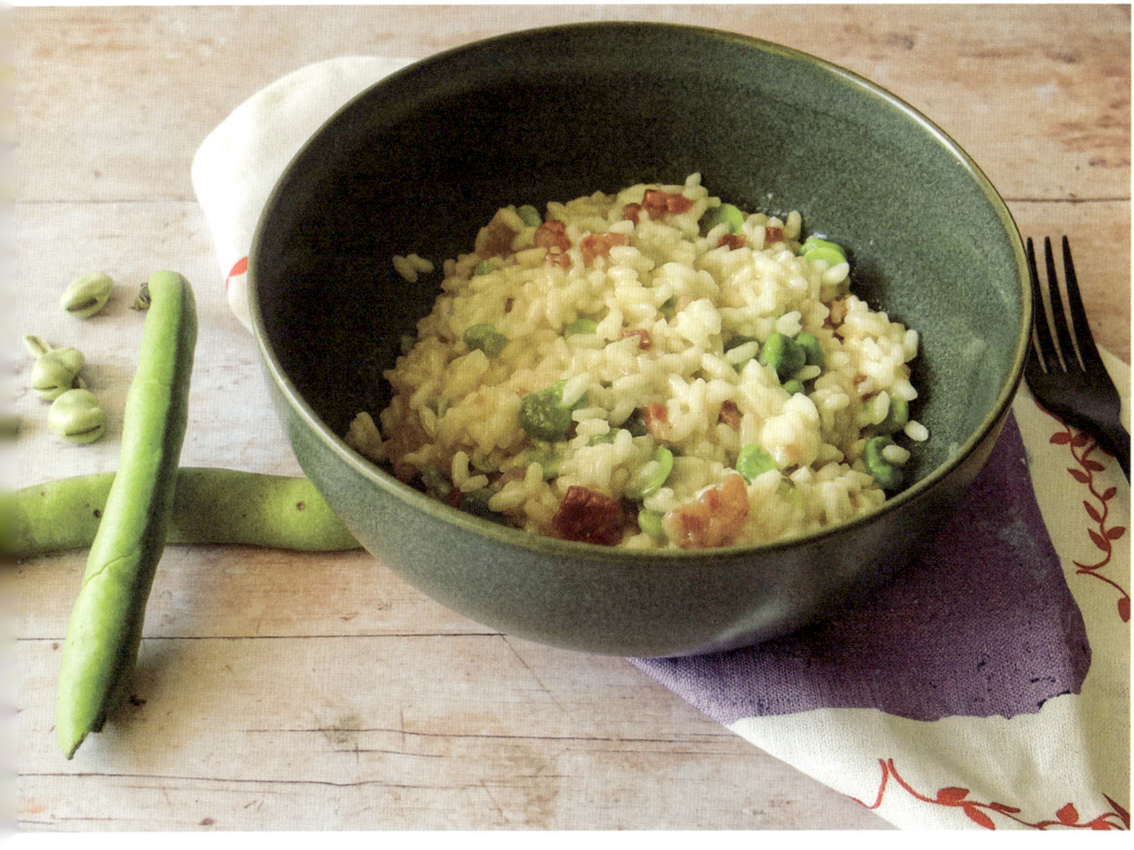

GEBRATENER REIS

Gebratener Reis ist ideal, um Reis und alles, was sonst noch an Resten im Kühlschrank ist, zu verwerten. Zum Beispiel schrumpelig gewordene Karotten, nicht mehr ganz so frische Peperoni (Paprikaschote) oder Bratenreste.

FÜR 4 PERSONEN

300 g Reis vom Vortag
1 EL Mayonnaise
1 große Zwiebel
2 kleine Karotten
1 Zucchini
1 kleine Peperoni (Paprikaschote)
1 EL Öl
100 g Speckwürfel
2 Eier
3 TL Sojasauce

WEITERES
4 Spiegeleier
süße Chilisauce

Den Reis mit Mayonnaise vermengen. Die Zwiebel in Ringe, die Karotten und Zucchini in Scheiben, die Peperoni in Streifen und den Speck in Würfel schneiden.
Öl in einer großen Pfanne oder im Wok erhitzen und die Speckwürfel darin anbraten. Die Zwiebel dazugeben und farblos anschwitzen. Karotten, Zucchini und Peperoni nacheinander zufügen und unter ständigem Rühren so anbraten, dass sie bissfest, aber nicht braun werden. Den Reis zufügen und unter Rühren braten. Die Eier leicht mit Sojasauce verquirlen. Den Reis an die Ränder der Pfanne schieben und die verquirlten Eier in die Mitte gießen.
Unter Rühren stocken lassen und mit dem Reis vermischen. Zusammen mit Spiegeleiern und süßer Chilisauce servieren.

TIPPS Beim Pfannenrühren werden die Zutaten nacheinander in die Pfanne gegeben: zuerst Fleisch, dann festere, gefolgt von weicheren Gemüsesorten und zum Schluss Reis. Dieses Rezept ist nur ein Anhaltspunkt, man kann genauso gut Erbsen oder anderes Gemüse mit dem Reis braten.

ERSATZ
Speck → Tofu, Bratenreste
Sojasauce → Salz

GNOCCHI mit Erbsen-Spargel-Gemüse

Ricotta-Gnocchi schmecken mit jungem
Frühlingsgemüse einfach sensationell gut.

8 Stangen grüner Spargel
300 g Erbsen (ohne Schale)
2 Eier
500 g Ricotta
70 g geriebener Parmesan
½ TL Salz
120 g Mehl
100 g Butter
1 Zitrone, Abrieb und Saft
Schnittlauch
Pfeffer

Den Spargel im unteren Drittel schälen und in 1 cm
lange Stücke schneiden, die Spitzen etwa 4 cm lang
lassen. Zusammen mit den Erbsen in Salzwasser etwa
2 Minuten blanchieren, abgießen und in Eiswasser
abschrecken, damit die grüne Farbe erhalten bleibt.
Die Eier mit Ricotta, Parmesan und Salz vermengen.
Das Mehl dazugeben und nur so lange rühren, bis sich
alles verbunden hat. Den Gnocchi-Teig auf einer
bemehlten Arbeitsfläche vorsichtig zu dünnen Rollen
formen und in etwa 1 cm lange Stücke schneiden.
Ins kochende Salzwasser geben und so lange garen,
bis die Gnocchi an der Oberfläche schwimmen.
Inzwischen die Butter schmelzen lassen. Die Erbsen
und den Spargel dazugeben und kurz durchschwenken.
Mit Salz, Pfeffer, Zitronenabrieb, etwas Zitronensaft und
fein geschnittenem Schnittlauch würzen.
Die Gnocchi mit einer Schaumkelle aus dem Topf nehmen, abtropfen lassen und im Gemüse schwenken.

TIPPS Nach noch mehr Frühling schmecken die
Gnocchi, wenn man unter das Gemüse etwas Bärlauchpesto (siehe Seite 88) rührt. Wer mag, bestreut
die Gnocchi mit geriebenem Parmesan.

ERSATZ
Schnittlauch → Bärlauch, Frühlingszwiebeln
frische Erbsen → tiefgekühlte Erbsen
grüner Spargel → Zucchini
Ricotta → gut abgetropfter Topfen (Quark)

NUDELREIS mit Gorgonzolasauce

Die kleinen Risini-Nudeln sind nicht größer als ein Reiskorn und im Handumdrehen gar. Da ich immer eine größere Menge Gorgonzolasauce koche und portionsweise einfriere, steht der Nudelrisotto in 15 Minuten auf dem Tisch.

FÜR 4 PERSONEN

FÜR DIE GORGONZOLASAUCE
1 Schalotte
1 Knoblauchzehe
Olivenöl
500 g Sahne
100 g Gorgonzola

FÜR DEN NUDELREIS
½ Zucchini
½ Peperoni (Paprikaschote)
1 Schalotte
1 Knoblauchzehe
Olivenöl
200 g Risini-Nudeln
500 g Gemüsebrühe
30 g kalte Butter
Salz, Pfeffer

Die Schalotte und die Knoblauchzehe fein schneiden. In Olivenöl farblos anschwitzen und mit Sahne aufgießen. Den Gorgonzola dazugeben und etwa 15 Minuten einkochen lassen. Mit Salz und Pfeffer abschmecken.

Gemüse in winzige Würfel schneiden. Schalotten- und Knoblauchwürfel in Olivenöl farblos anschwitzen. Zucchini und Peperoni dazugeben und ebenfalls kurz anschwitzen. Die Risini-Nudeln zufügen, gut umrühren und nach und nach mit heißer Gemüsebrühe aufgießen (wie beim Risotto).

Alles 5–7 Minuten garen. Butter unterrühren und mit Salz und Pfeffer abschmecken.

Die Sauce mit einem Pürierstab aufschäumen und mit dem Nudelreis servieren.

TIPP Wenn man Peperoni mit dem Sparschäler dünn schält, werden sie bekömmlicher.

ERSATZ
Schalotte → kleine weiße Zwiebel
Gorgonzola → anderer Blauschimmelkäse

SPAGHETTI alla Carbonara

Frische Eier habe ich immer im Kühlschrank, sodass die Carbonara ruckzuck auf dem Tisch seht und alle zufrieden sind.

Guanciale in kleine Würfel schneiden und knusprig braten. Etwas abkühlen lassen.

Spaghetti in Salzwasser bissfest garen. Ei, Eigelb, Pfeffer, Pecorino und Parmesan zu einer dickflüssigen Creme verrühren. Guancialewürfel zugeben.

Die Spaghetti abgießen und etwas Nudelkochwasser auffangen. Ganz kurz abkühlen lassen, damit das Ei nicht stockt, wenn die Nudeln zur Eiercreme kommen. Alles gut verrühren, sodass die Nudeln rundum von der Eiercreme überzogen sind. Gegebenenfalls noch etwas Nudelkochwasser dazugeben.

TIPPS Zur Spargelzeit kann man geschälten und in kleine Scheiben geschnittenen Spargel im ausgelassenen Fett des Guanciale anbraten und zur Eiercreme geben.

Das übrig gebliebene Eiweiß kann man z. B. für Sizilianische Mandelkekse (siehe Seite 141) verwenden.

ERSATZ
Guanciale → Pancetta, Speck

FÜR 4 PERSONEN

150 g Guanciale
320 g Spaghetti
Salz
1 Ei
5 Eigelb
Pfeffer
25 g geriebener Pecorino
50 g geriebener Parmesan

SPAGHETTI aglio, olio mit gerösteten Brotkrümeln

Das teuerste an diesem Gericht ist das Olivenöl. Es sollte unbedingt kalt gepresst und von guter Qualität sein.

Die Spaghetti in reichlich Salzwasser bissfest garen. Inzwischen die Knoblauchzehen schälen und andrücken. Zusammen mit Peperoncini und Olivenöl auf kleiner Flamme erwärmen, bis der Knoblauch leicht gebräunt ist. Vom Herd nehmen und Knoblauch und Peperoncini entfernen.

Das altbackene Brot im Blitzhacker zerkleinern und in Olivenöl goldbraun rösten.

Spaghetti abgießen, dabei etwas Nudelkochwasser auffangen und die Nudeln zurück in den Topf geben. Mit dem Knoblauch-Peperoncino-Öl und 2 EL Nudelkochwasser vermischen. Mit gerösteten Brotkrumen bestreuen.

FÜR 4 PERSONEN

320 g Spaghetti
3 Knoblauchzehen
1–2 frische Peperoncini
50 g Olivenöl (extra vergine)

WEITERES

100 g altbackenes Brot
2 EL Olivenöl

ERSATZ

frischer Peperoncino → getrockneter Peperoncino

TROFIE mit Basilikumpesto

Basilikum wächst bei mir auf der Fensterbank. So kann ich jederzeit Pesto selbst herstellen. Dafür braucht es nur 4 Zutaten.

350 g Trofie oder Spaghetti
Salz
50 g Basilikumblätter
10 g Pinienkerne
80 g geriebener Parmesan
120 g Olivenöl

Die Nudeln in reichlich gesalzenem Wasser bissfest garen.

Während die Nudeln kochen, Basilikum, Pinienkerne, Parmesan und Olivenöl im Blitzhacker pürieren. Das Pesto eventuell mit etwas Salz abschmecken.

Die Nudeln abgießen und das Nudelkochwasser auffangen. Das Pesto mit etwas Nudelkochwasser verrühren, die Nudeln dazugeben und gut durchmischen.

TIPPS Unbedingt kalt gepresstes, qualitativ hochwertiges Olivenöl verwenden. Man kann das Pesto auch ganz klassisch im Mörser zubereiten. Das dauert allerdings etwas länger. Pesto hält sich in einem Schraubglas und vollständig mit Olivenöl bedeckt im Kühlschrank etwa 1 Woche.

TROFIE mit Radicchio

Ich mag die Bitterkeit von Radicchio. Nicht nur im Salat, sondern auch gegrillt oder zu Nudeln. Wem das lila Gemüse zu bitter ist, der sollte den Strunk und die dicken weißen Blattrippen nicht mitverwenden.

350 g Trofie oder andere kurze Nudeln
1 kleine Zwiebel
100 g Speck
1 Radicchio
Olivenöl
½ TL brauner Zucker
1 EL Balsamico
200 g Sahne

Die Nudeln in Salzwasser bissfest garen. In der Zwischenzeit die Zwiebel und den Speck in feine Würfel schneiden.

Zwiebelwürfel in Olivenöl farblos anschwitzen. Speck dazugeben und anbraten.

Den Radicchio in feine Streifen schneiden. In die Pfanne geben und so lange braten, bis er seine leuchtende Farbe verloren hat. Mit Zucker bestreuen, kurz karamellisieren lassen und mit Balsamico ablöschen. Sahne angießen und alles etwas einkochen lassen.

Die Nudeln abgießen, zur Sauce geben und kurz durchschwenken.

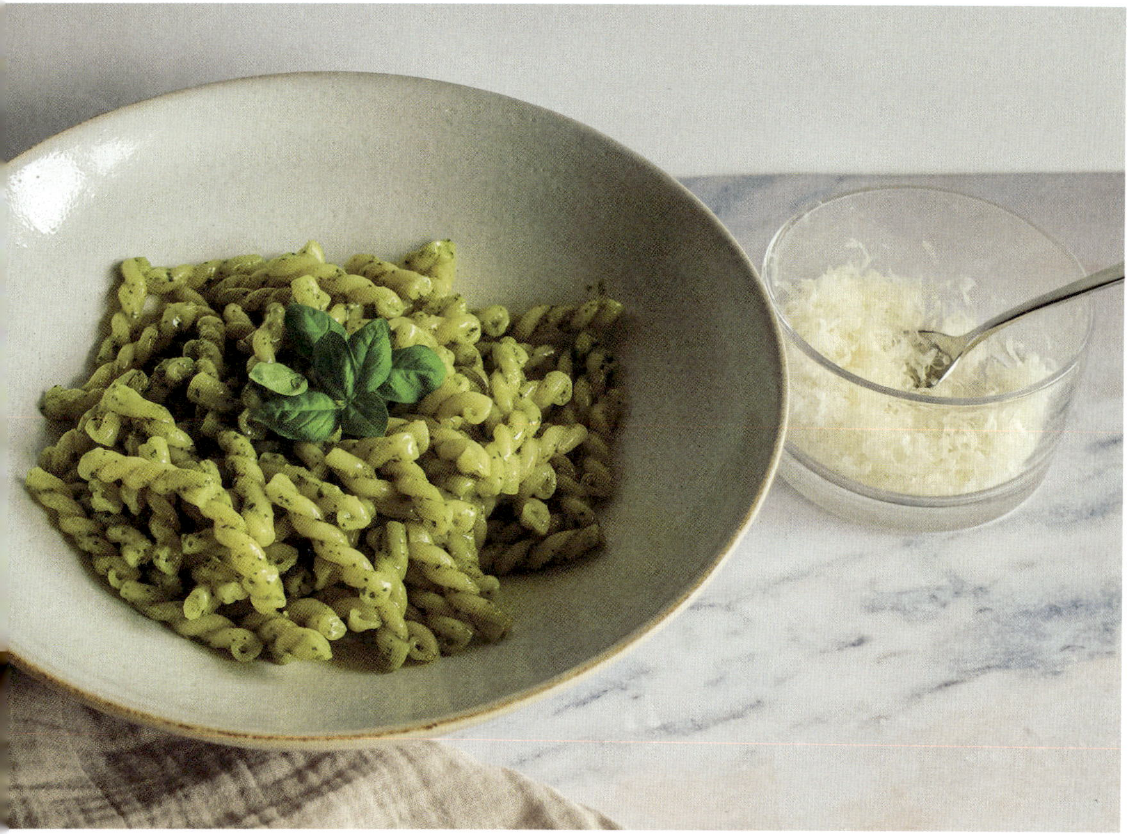

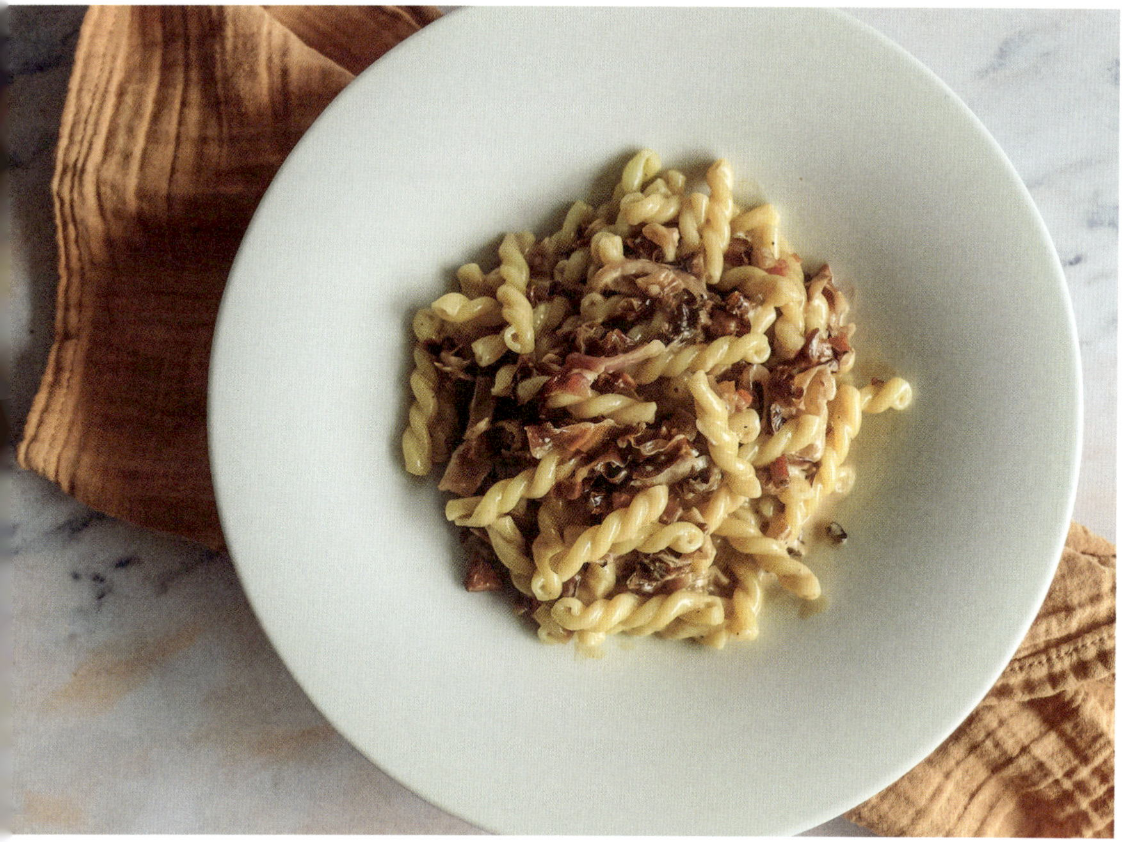

DITALINI mit Erbsen und Guanciale

Pasta e Piselli ist ein traditionelles neapolitanisches Nudelgericht. Vegetarier lassen den Speck weg und verwenden einen vegetarischen Pecorino oder eine Parmesan-Alternative.

1 kg frische Erbsenschoten
100 g Guanciale
1–2 Schalotten
350 g Ditalini
Salz
5 g Minze
30 g geriebener Pecorino

Die Erbsen aus den Schoten pulen und den Guanciale in kleine Würfel schneiden. Den Guanciale in etwas Olivenöl schön knusprig braten. Herausnehmen und beiseitestellen. Das Fett jedoch in der Pfanne lassen und die in kleine Würfel geschnittenen Schalotten darin farblos anschwitzen.

Die Nudeln im kochenden Salzwasser bissfest garen. Inzwischen die Erbsen zu den Schalottenwürfeln geben, mit 1–2 Kellen Pastakochwasser aufgießen und 2–3 Minuten garen. (Nicht länger, sonst werden die Erbsen matschig!)

Die Nudeln abgießen und mit den Speckwürfeln und der fein geschnittenen Minze unter die Erbsen mischen. Mit Pecorino vermengen.

TIPPS

Man kann natürlich auch 350–400 g tiefgekühlte Erbsen verwenden, sie brauchen nur etwas länger, bis sie gar sind. Die Minze gibt der Pasta eine besonders frische Note. Man kann sie aber auch weglassen.

ERSATZ
Guanciale ⟶ Pancetta, Speck
Ditalini ⟶ andere kurze Nudeln
Minze ⟶ Salbei
Pecorino ⟶ Parmesan

FREGOLA sarda mit Tomatensauce

Dieses sardische Gericht ähnelt eher einem Risotto als einer Pasta. Es ist ein richtiger Seelenwärmer an kalten Tagen. Am besten schmeckt die Fregola mit würzigem sardischem Pecorino.

2 Knoblauchzehen
1 frischer Peperoncino
Olivenöl
3 Sardellenfilets
350 g passierte Tomaten
etwa 200–400 g Wasser
250 g Fregola sarda tostata
Salz, Pfeffer
50 g geriebener Pecorino
5 g Basilikum

Die Knoblauchzehen schälen und zusammen mit dem Peperoncino ganz fein schneiden. Olivenöl in einem Topf erhitzen. Knoblauch, Peperoncino und Sardellenfilets darin anschwitzen. (Der Knoblauch darf auf keinen Fall braun werden, sonst schmeckt er bitter.) Wenn die Sardellenfilets geschmolzen sind, mit den passierten Tomaten und etwas Wasser ablöschen.

Die Fregola sarda dazugeben, sparsam salzen und alles zum Kochen bringen. Sobald die Flüssigkeit zu kochen beginnt, die Hitze herunterschalten und den Deckel halb auf den Topf legen. Unter gelegentlichem Umrühren garen und – wie bei einem Risotto – immer wieder Wasser zufügen, wenn die Flüssigkeit eingekocht ist.

Wenn die Fregola bissfest ist, den Topf vom Herd nehmen und den Pecorino unterrühren. Schmelzen lassen und mit Basilikum, Salz und Pfeffer würzen.

TIPPS Bei der Garzeit sollte man nicht blind der Verpackungsangabe folgen. Meiner Erfahrung nach braucht Fregola sarda, wenn sie auf diese Weise zubereitet wird, gerne länger als angegeben. Auch wenn man sie bissfest mag, gibt es doch einen Unterschied zwischen noch hart und genau richtig. Am Anfang sparsam salzen, denn der Pecorino bringt noch einmal Würze mit. Vegetarier lassen die Sardellenfilets weg und verwenden einen vegetarischen Pecorino (mit Distellab).

ERSATZ
frischer Peperoncino → getrockneter Peperoncino, Chiliflocken
Sardellen → 1 TL Kapern, Sardellenpaste, 1 TL Worcestersauce

TAGLIOLINI mit Fave, Radicchio und Guanciale

Fave bzw. Dicke Bohnen sind das Lieblinggemüse meiner jüngeren Tochter. Zwar kostet die Vorbereitung etwas Zeit, aber der Aufwand lohnt sich.

700 g Fave (Dicke Bohnen)
Salz
250 g Tagliolini
150 g Guanciale
1 Knoblauchzehe
1 kleiner Radicchio
Balsamico
geriebener Parmesan

Die Fave aus den Schoten pulen und etwa 1 Minute in Salzwasser blanchieren. Abgießen, mit kaltem Wasser abschrecken und aus der wachsartigen Hülle drücken. Die Tagliolini in reichlich gesalzenem Wasser bissfest garen.

In der Zwischenzeit den in kleinen Würfel geschnittenen Guanciale in einer Pfanne ohne Fett knusprig braten, herausnehmen und beiseitestellen. Den klein geschnittenen Knoblauch in derselben Pfanne farblos anschwitzen und den in Streifen geschnittenen Radicchio dazugeben. Kurz braten und mit etwas Balsamico ablöschen.

Die Fave und 1–2 Kellen Nudelkochwasser zufügen, ein paar Minuten köcheln lassen.

Die Tagliolini abgießen, in die Pfanne geben und alles gut durchschwenken. Mit Parmesan bestreuen.

TIPPS Nur so viel Nudelwasser dazugießen, dass sich die Sauce gut mit den Nudeln verbinden kann. Im Frühling findet man Fave frisch auf dem Markt. Es lohnt sich, gleich welche für später einzufrieren.

ERSATZ
Guanciale → Pancetta, Speck
Tagliolini → Spaghetti
Fave → Edamame

VOLLKORNSPAGHETTI mit Bärlauchpesto

Bärlauch ist wegen seines hohen Vitamin- und Mineralstoffgehalts sehr gesund. Man kann ihn im Garten oder auf der Fensterbank ziehen.

Bärlauch waschen, trocken schleudern und die Stiele entfernen. Grob zerkleinern und zusammen mit den restlichen Zutaten im Blitzhacker zu einer cremigen Paste mixen.
Die Spaghetti in reichlich Salzwasser bissfest garen, abgießen und das Nudelkochwasser auffangen. Das Pesto mit etwas Nudelkochwasser verrühren und die Spaghetti damit vermischen.

TIPPS Im Kühlschrank hält sich das Bärlauchpesto ungefähr 1 Woche. Man kann es aber bis zu 3 Monate einfrieren – am besten portionsweise.

ERSATZ
Pinienkerne ⟶ Mandeln, Hasel- oder Walnüsse
Vollkornspaghetti ⟶ Spaghetti aus Kamut oder Weizen
Parmesan ⟶ Pecorino

FÜR 4 PERSONEN

60 g Bärlauch
20 g geröstete Pinienkerne
30 g geriebener Parmesan
100 g neutrales Öl
Salz
320 g Vollkornspaghetti

ORECCHIETTE mit Cima di Rapa

Cima di Rapa, der auch als wilder Brokkoli bezeichnet wird, gart hier zusammen mit den Nudeln in einem Topf.

Cima di Rapa putzen, die harten Blätter und die Stängel entfernen. Die kleinen Röschen abtrennen und die Blätter in Streifen schneiden.

Inzwischen einen Topf mit kräftig gesalzenem Wasser zum Kochen bringen und die Orecchiette darin bissfest garen. Nach der Hälfte der Garzeit Cima di Rapa zufügen und mitkochen.

50 g Olivenöl in einer Pfanne erhitzen. Die in feine Würfel geschnittene Knoblauchzehe und den Peperoncino darin farblos anschwitzen. Die Sardellenfilets zugeben und auf kleiner Flamme schmelzen lassen.

Orecchiette und Cima di Rapa abgießen und etwas Nudelkochwasser auffangen. In die Pfanne geben und etwa 2 Minuten gut durchschwenken, eventuell etwas Nudelkochwasser dazugeben.

Währenddessen die Semmelbrösel im restlichen Olivenöl anrösten und die Nudeln damit bestreuen.

FÜR 4 PERSONEN

etwa 500 g Cima di Rapa
250 g Orecchiette
Salz
1 Knoblauchzehe
1 frischer Peperoncino
4 Sardellenfilets
60 g Olivenöl
2 EL Semmelbrösel

ERSATZ
Cima di Rapa ⟶ junger Spinat, Mangold, Rote-Bete-Blätter
Sardellen ⟶ 1 TL Kapern, 1 TL Worcestersauce, Sardellenpaste

PENNE mit Salsiccia

Dieses sehr einfache Rezept schmeckt nicht nur Kindern.

Das Wurstbrät aus dem Darm drücken und die kleinen Klößchen in einer Pfanne (ohne Fett) scharf anbraten. Beiseitestellen.

Schalotten und Knoblauch fein schneiden und im Salsiccia-Fett farblos anschwitzen. Die passierten Tomaten dazugeben und zugedeckt etwa 30 Minuten köcheln lassen.

Die gebratene Salsiccia zufügen und mit Oregano, Salz und Pfeffer würzen. Noch einmal ein paar Minuten köcheln lassen.

Inzwischen die Penne in ausreichend gesalzenem Wasser bissfest garen. Abgießen, zur Sauce geben, gut durchschwenken und mit Basilikum würzen.

FÜR 4 PERSONEN

350 g Salsiccia
2 Schalotten
1 Knoblauchzehe
400 g passierte Tomaten
Oregano
Salz, Pfeffer
320 g Penne
Basilikum

ERSATZ
Salsiccia → Bratwurst + ½ TL Fenchelsamen
Oregano → Majoran

MISO-SPAGHETTI

Miso habe ich immer im Kühlschrank und wenn es schnell gehen muss, kann ich damit und mit drei weiteren Zutaten ein wunderbares Pastagericht auf den Tisch zaubern.

Die Spaghetti in reichlich gesalzenem Wasser bissfest garen.

In der Zwischenzeit die Butter in einem Topf schmelzen lassen. Miso mit einem Schneebesen einrühren und mit 100 g Nudelkochwasser aufgießen. Unter Rühren cremig einkochen lassen. Die Spaghetti abgießen und sofort mit der Miso-Butter-Sauce vermengen. Mit geröstetem Sesam bestreuen.

350 g Spaghetti
50 g Butter
25 g helle Misopaste
4 EL gerösteter schwarzer Sesam

ZUCCHINI-ZITRONEN-NUDELN

Eigentlich bin ich kein Fan von Vollkornnudeln,
aber dieses Gericht schmeckt mit nussigen
Vollkornspaghetti noch einmal so gut.

250 g Vollkornspaghetti
3 kleine Zucchini
2 Knoblauchzehen
2 EL Olivenöl
80 g Butter
80 g Gemüsebrühe
½ Zitrone, Abrieb und Saft
Salz, Pfeffer
15 g Petersilie
10 g Basilikum
50 g geriebener Parmesan
40 g geröstete Mandelblättchen

Die Spaghetti in reichlich Salzwasser bissfest
garen.
Inzwischen Zucchini und Knoblauch in dünne
Scheiben schneiden und in Olivenöl und 1 EL Butter
anschwitzen, bis sie weich und etwas gebräunt
sind. Gemüsebrühe zufügen und 2–3 Minuten
köcheln lassen. Zitronenabrieb und -saft dazugeben und noch einmal 1 Minute köcheln lassen.
Sparsam mit Salz und Pfeffer würzen.
Petersilie und Basilikum fein schneiden. Die Spaghetti abgießen und dabei etwas Kochwasser
auffangen. Spaghetti mit der restlichen Butter,
Basilikum und Petersilie zu den Zucchini geben.
Durchschwenken und, wenn nötig, etwas Nudelwasser angießen. Vom Herd nehmen, den Parmesan untermischen und mit Salz und Pfeffer
abschmecken. Mit Mandelblättchen bestreuen.

ERSATZ
Vollkornspaghetti → Spaghetti aus Kamut
oder Weizen
Gemüsebrühe → Hühnerbrühe
Mandelblättchen → zerkleinerte, blanchierte
Haselnüsse

LINGUINE mit Garnelen und Datteltomaten

Das Meer ist weit weg und der Urlaub auch?
Kein Problem: Mit diesen Linguine holt man
sich beides einfach nach Hause!

FÜR 4 PERSONEN

200 g Garnelen (ohne Schale)
1 TL 5-Gewürze-Pulver
2 EL Olivenöl
250 g Spaghetti
15 Dattel- oder Kirschtomaten
1 Knoblauchzehe
Salz, Pfeffer
1 TL brauner Zucker
1 EL Balsamico
100–150 g Sahne
50–100 g Babyspinat

Die Garnelen mit 5-Gewürze-Pulver bestreuen und kurz in Olivenöl anbraten, bis sie rosa sind. Aus der Pfanne nehmen und beiseitestellen.

Die in feine Würfel geschnittene Knoblauchzehe in derselben Pfanne farblos anschwitzen.

Die Spaghetti in kochendes Salzwasser geben und bissfest garen.

In der Zwischenzeit die Datteltomaten halbieren und zum Knoblauch geben. Salzen, pfeffern und mit braunem Zucker bestreuen. Leicht karamellisieren lassen und mit Balsamico ablöschen. Mit Sahne aufgießen und etwas einkochen lassen.

Babyspinat und Garnelen dazugeben und etwa 2–3 Minuten mitgaren.

Die Spaghetti abgießen und in der Sauce schwenken.

TIPP Das 5-Gewürze-Pulver kann man auch selber machen. Dazu 1 EL Sternanis, 1 Zimtstange, 2 EL Nelken, 2 EL Fenchelsamen und 3 EL Sezchuan-Pfeffer im Mörser grob zerkleinern und anschließend kurz in einer trockenen Pfanne rösten. Im Mörser oder in einer Gewürzmühle zu feinem Pulver zermahlen.

ERSATZ
5-Gewürze-Pulver → Currypulver
Babyspinat → Spinat
Spaghetti → Tagliatelle

PASSATELLI mit Ragù und Parmesansauce

Mit diesem Rezept kann man nicht nur altbackenes Brot, sondern auch übrig gebliebene Parmesankrusten verwerten.

FÜR 4 PERSONEN

FÜR DAS RAGÙ
500 g Faschiertes (Rind und Schwein)
100 g Speckwürfel
2–3 EL Olivenöl
2 Karotten
1 Selleriestange
1 Zwiebel
1 EL Tomatenmark
600 g passierte Tomaten
100 g Milch
Salz

FÜR DIE PARMESANSAUCE
100 g Parmesankrusten
100 g Milch
120 g Sahne
120 g geriebener Parmesan

FÜR DIE PASSATELLI
3 Eier (etwa 170 g)
Salz
150 g altbackenes Brot
100 g geriebener Parmesan
10 g Mehl

Faschiertes und Speckwürfel in Olivenöl so lange braten, bis sie die Farbe verlieren. Karotten, Selleriestange und Zwiebel in kleine Würfel schneiden. Zum Fleisch geben und mitbraten. Wenn die Flüssigkeit verdampft ist, Tomatenmark und passierte Tomaten dazugeben. Wieder zum Kochen bringen und die Milch zufügen. Das Ragù auf kleiner Flamme 1–2 Stunden köcheln lassen. Mit Salz würzen.

Inzwischen die grob zerkleinerten Parmesankrusten mit Milch und Sahne etwa 20 Minuten köcheln lassen. Vom Herd nehmen und etwa 1 Stunde ziehen lassen.

Die Sauce anschließend auf kleiner Flamme noch einmal 15 Minuten köcheln lassen. Vom Herd nehmen, den Parmesan dazugeben und mit dem Pürierstab pürieren. Die Sauce durch ein Sieb gießen.

Eier mit Salz verrühren. Das Brot mit dem Blitzhacker fein zerkleinern und in einer Schüssel mit Parmesan und Mehl vermischen.

Eier dazugeben und alles zu einem Teig verkneten. Den Teig in Klarsichtfolie wickeln und mindestens 20 Minuten ruhen lassen. Anschließend mit einer Kartoffelpresse direkt ins kochende Salzwasser pressen. Wenn die Passatelli an die Oberfläche kommen, abschöpfen und zum Ragù geben. Vorsichtig durchschwenken und mit Parmesansauce anrichten.

TIPPS Wenn der Teig zu fest ist, kann man noch etwas Wasser dazugeben; falls er zu weich ist, einfach noch etwas Semmelbrösel oder Parmesan unterkneten. Wer keine Kartoffelpresse hat, kann auch die grobe Seite einer Vierkantreibe verwenden und damit etwa 4 cm lange Passatelli herstellen.

LASAGNE

Lasagne schmeckt aufgewärmt sogar noch besser, weil sie dann so schön durchgezogen ist. Nur, zweimal hintereinander Lasagne ist nicht so meins. Also friere ich den Rest ein.

FÜR DIE BÉCHAMELSAUCE
700 g Milch
1 Lorbeerblatt
1 Thymianzweig
1 Rosmarinzweig
1 Knoblauchzehe
70 g Butter
50 g Mehl
Salz, Pfeffer
Muskat

FÜR DIE LASAGNE
10 Lasagneblätter
600 g Ragù (siehe Seite 96)
geriebener Parmesan
1 Mozzarella-Kugel
Butter

Die Milch mit Lorbeer, Thymian, Rosmarin und Knoblauch zum Kochen bringen und 5 Minuten kochen lassen. Vom Herd nehmen, 30 Minuten ziehen lassen und durch ein Sieb gießen.

Die Butter in einem Topf schmelzen, das Mehl zufügen und unter Rühren farblos anschwitzen. Die Milch unter ständigem Rühren portionsweise dazugeben und erst nachgießen, wenn alles gut verrührt und keine Klümpchen mehr vorhanden sind.

Die Sauce ungefähr 10 Minuten unter Rühren köcheln und eindicken lassen. Mit Salz, Pfeffer und Muskat würzen.

In eine eingefettete Auflaufform abwechselnd Lasagneblätter, Ragù, klein geschnittenen Mozzarella, Parmesan und Béchamelsauce schichten. Den Vorgang so lange wiederholen, bis alle Zutaten aufgebraucht sind. Mit Béchamelsauce abschließen. Die Lasagne mit Parmesan bestreuen und mit Butterflöckchen belegen.

Im vorgeheizten Backofen bei 200 Grad (Umluft) etwa 30–40 Minuten garen.

RADICCHIO-LASAGNE
mit Taleggio

Bei dieser Radicchio-Lasagne fällt einem nicht einmal auf, dass sie fleischlos ist.

Radicchio in dünne Streifen schneiden. Schalotte und Knoblauch fein würfeln und in Olivenöl farblos anschwitzen. Den Radicchio dazugeben und etwa 5 Minuten dünsten. Salzen, pfeffern und mit Balsamico ablöschen. Bis zur weiteren Verwendung beiseitestellen.

Butter in einem Topf schmelzen lassen. Das Mehl dazugeben und gut verrühren. Mit Milch aufgießen und auf kleiner Flamme unter Rühren so lange kochen, bis die Sauce eindickt.

Den Taleggio in kleine Würfel schneiden und zusammen mit Parmesan in der Sauce schmelzen lassen. Mit Salz, Pfeffer und Muskat abschmecken. Etwas Béchamelsauce auf dem Boden einer Auflaufform verteilen und darauf abwechselnd Lasagneblätter, Radicchio, in Würfel geschnittenen Taleggio und Béchamelsauce schichten. Den Vorgang so lange wiederholen, bis die Zutaten aufgebraucht sind, dabei mit Lasagneblättern und Béchamelsauce abschließen.

Mit Parmesan bestreuen und Butterflöckchen auf der Lasagne verteilen. Im vorgeheizten Backofen bei 180 Grad etwa 30–40 Minuten garen, bis die Oberfläche goldbraun ist.

FÜR 4 PERSONEN

FÜR DEN RADICCHIO
200 g Radicchio
1 Schalotte
1 Knoblauchzehe
Olivenöl
Salz, Pfeffer
1 EL Balsamico

FÜR DIE BÉCHAMELSAUCE
50 g Butter
50 g Mehl
500 g Milch
100 g Taleggio
1 EL geriebener Parmesan
Salz, Pfeffer
Muskat

WEITERES
250 g Lasagneblätter
100 g Taleggio
2 EL geriebener Parmesan
10 g Butter

ERSATZ
Taleggio → Fontina, Gruyère

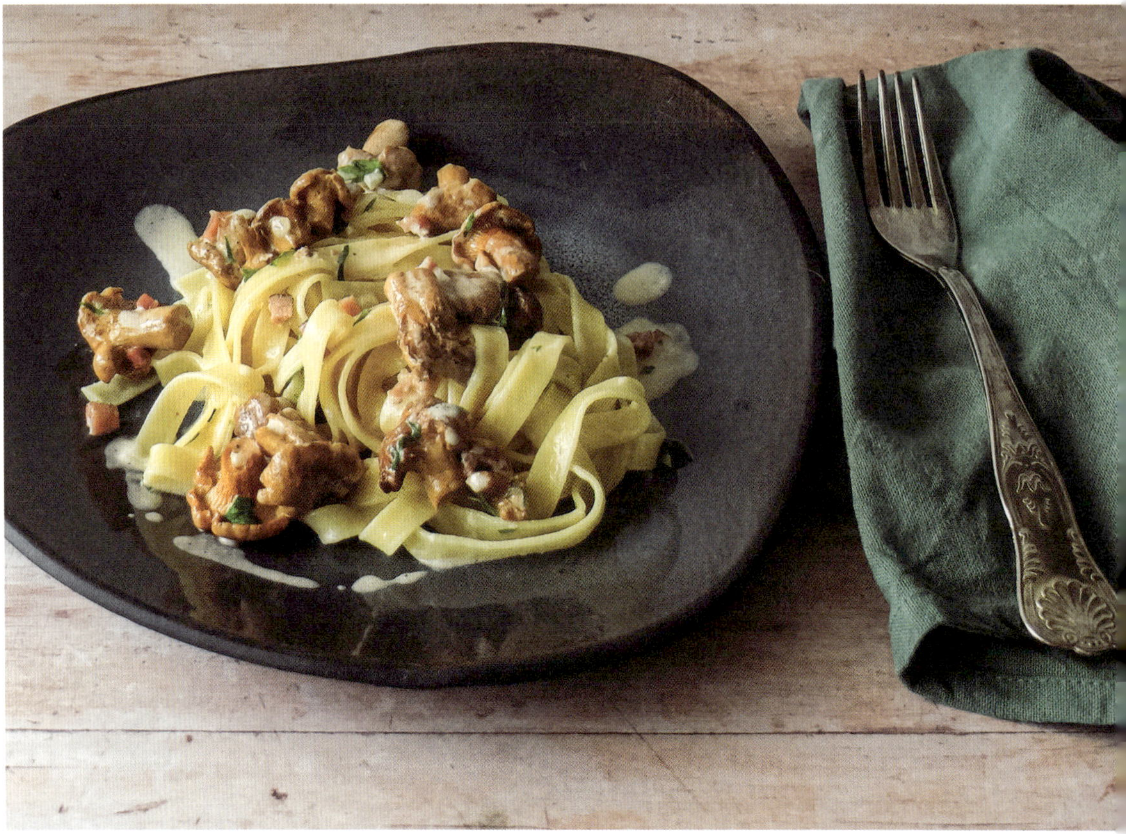

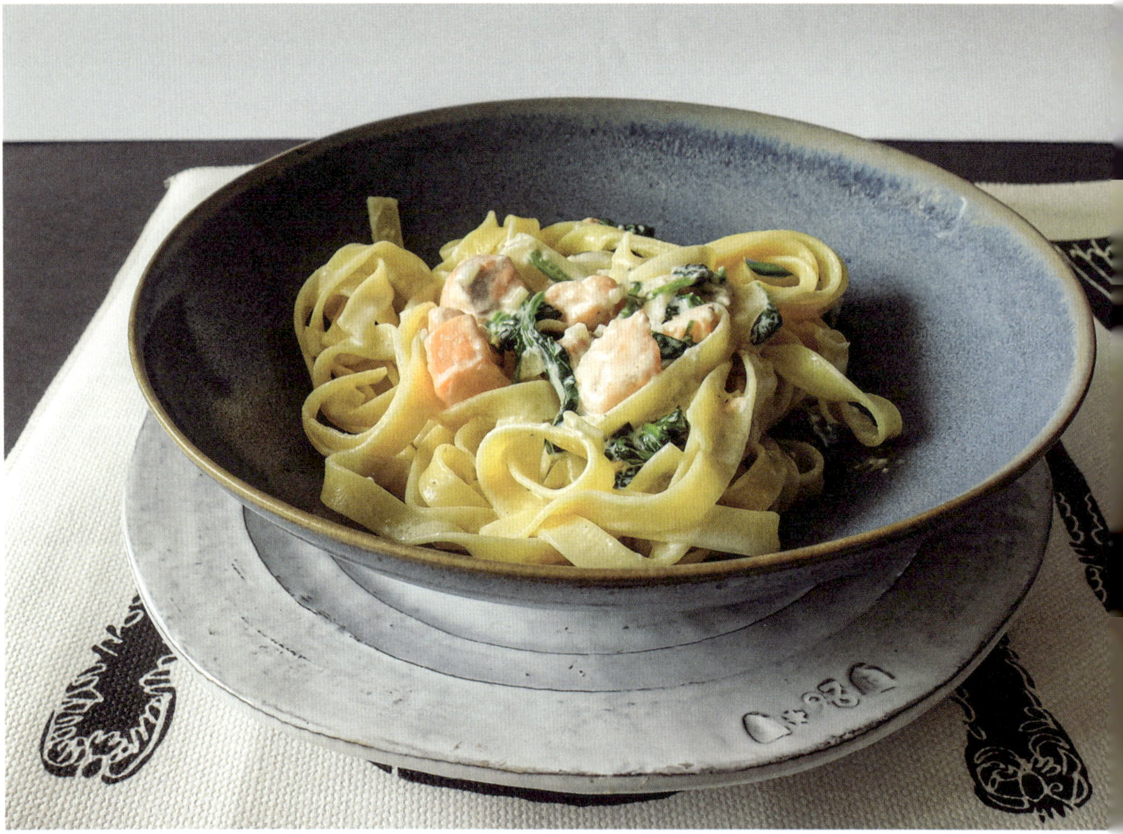

TAGLIATELLE
mit Pfifferlingen

Pfifferlinge sind nicht unbedingt preiswert, aber für die Sauce reichen schon wenige Pilze. Wer sich auskennt, sammelt sie selber im Wald.

FÜR 4 PERSONEN

FÜR 4 PERSONEN

300 g Pfifferlinge
1 kleine Zwiebel
100 g Speckwürfel
2 EL Butter
200 g Sahne
Salz
250 g Tagliatelle
Petersilie

Die Pfifferlinge putzen, größere Exemplare eventuell halbieren oder vierteln.
Zwiebel schälen, fein schneiden und zusammen mit Speck in Butter farblos anschwitzen.
Die Pfifferlinge dazugeben, kurz mitbraten und mit Sahne aufgießen.
Während die Sauce etwas einkocht, die Tagliatelle in reichlich kochendem Salzwasser bissfest garen.
Die Sauce mit Salz abschmecken und die gut abgetropften Nudeln dazugeben. Mit fein gehackter Petersilie bestreuen und gut durchschwenken.

ERSATZ
Pfifferlinge → andere Pilze

TAGLIATELLE
mit Lachs und Spinat

Pasta mit Lachs ist ein Klassiker. Der Fisch bleibt besonders saftig, wenn er nur kurz in der heißen Sahnesauce gar zieht.

FÜR 4 PERSONEN

200 g junger Spinat
1 Knoblauchzehe
1 Schalotte
1 EL Olivenöl
Salz, Pfeffer
Muskat
200 g Sahne
250 g Tagliatelle
400 g Lachsfilet ohne Haut (frisch oder TK)

Den Spinat waschen und kurz abtropfen lassen. Knoblauch und Schalotte in kleine Würfel schneiden und in Olivenöl farblos anschwitzen. Den Spinat dazugeben und zusammenfallen lassen. Mit Salz, Pfeffer und Muskat würzen. Aus dem Topf nehmen und beiseitestellen. Die Sahne in den Topf gießen, mit Salz und Pfeffer würzen und etwas einkochen lassen. Inzwischen den Lachs in Würfel schneiden. Den Topf mit der einreduzierten Sahne vom Herd nehmen. Lachs und Spinat dazugeben und den Topf mit einem Deckel verschließen. Während der Lachs gar zieht (dauert so lange, wie die Nudeln kochen), die Tagliatelle in reichlich gesalzenem Wasser bissfest garen. Abgießen und gut mit der Sauce vermischen.

TIPP Tiefgekühlten Lachs sollte man im Kühlschrank langsam auftauen lassen und vor der Verarbeitung gut mit Küchenpapier abtrocknen.

ERSATZ
Spinat → Mangold

103

PISAREI e Fasò

Semmelbrösel eigenen sich nicht nur zum Panieren,
sondern auch zur Herstellung dieser wunderbaren
kleinen Nudeln.

Guanciale und Zwiebel in Würfel schneiden. Guanciale
in einer Pfanne auslassen, die Zwiebelwürfel dazugeben und farblos anschwitzen. Die passierten Tomaten zufügen und auf kleiner Flamme mindestens
30 Minuten köcheln lassen. Wenn die Sauce eingekocht
ist, die abgetropften Bohnen dazugeben und etwa
5 Minuten mitkochen.

Inzwischen Mehl, Semmelbrösel, Salz und Wasser zu
einem Teig verkneten. Etwa faustgroße Stücke abteilen
und zu etwa 1 cm dicken Strängen rollen. (Den restlichen Teig bis zur Weiterverarbeitung abdecken, damit
er nicht austrocknet.) Stücke in der Größe einer Bohne
abschneiden. Die kleinen Teigstücke mit dem Daumen
etwas eindrücken, sodass eine muschelähnliche Form
entsteht.

Die Pisarei in reichlich kochendem Salzwasser so lange
garen, bis sie an der Oberfläche schwimmen. Mit einer
Schaumkelle herausnehmen und mit der Sauce vermischen.

FÜR 4 PERSONEN

FÜR DIE SAUCE
80 g Guanciale oder Pancetta
1 Zwiebel
250 g passierte Tomaten
1 Dose schwarze Bohnen (240 g)

FÜR DIE PISAREI
200 g Mehl
75 g Semmelbrösel
2 g Salz
200 g Wasser

TIPPS Die Menge für die Pisarei ist auf normal hung-
rige Menschen zugeschnitten. Bei größerem Hunger
einfach die Menge verdoppeln. Wer will, gibt zum
Schluss noch fein gehackte Petersilie zur Sauce.

ERSATZ
Guanciale → Pancetta, Speck
schwarze Bohnen → Borlottibohnen

PIZZA Margherita

Pizzateig besteht aus drei Zutaten, die man immer im Haus haben sollte. Der Teig lässt sich sehr gut vorbereiten und man kann ihn sogar einfrieren.

510 g Mehl
4 g Trockenhefe
12 g Salz
400 g lauwarmes Wasser
Olivenöl
8–10 EL passierte Tomaten
Meersalz
2 Mozzarella-Kugeln
Basilikum

Mehl, Hefe und Salz in einer großen Schüssel vermischen. Wasser dazugeben und alles mit den Händen vermengen, bis keine trockenen Zutaten mehr zu sehen sind. Die Teigoberfläche mit etwas Olivenöl einreiben und abgedeckt an einem warmen Ort 1½ Stunden gehen lassen.

Den Teig auf eine großzügig mit Mehl bestreute Arbeitsfläche gleiten lassen und in 4 gleich große Portionen teilen. Jeden Teigling vorsichtig zu einer Kugel formen. Die Teigkugeln mit Mehl bestreuen und mit Klarsichtfolie zugedeckt noch einmal 30 Minuten gehen lassen. Inzwischen den Backofen mit einem Pizzastein oder einem Backblech auf 275 Grad vorheizen. Die Teiglinge nacheinander auf der bemehlten Arbeitsfläche vorsichtig mit den Händen zu einem Kreis von 25–28 cm ausziehen. Auf eine Silikonbackmatte legen, mit 2 EL passierten Tomaten bestreichen und mit Meersalz würzen. Mit Mozzarella belegen und auf dem Pizzastein 6–9 Minuten backen, bis der Käse geschmolzen und der Teigrand gebräunt ist.

TIPP Man kann den Teig nach dem ersten Gehen portionsweise bis zu 3 Monate einfrieren oder bis zu 3 Tage im Kühlschrank aufbewahren. Die eingefrorenen Pizzateiglinge lässt man 24 Stunden im Kühlschrank auftauen und dann – ebenso wie die aus dem Kühlschrank – 60–90 Minuten gehen.

Gebackene HÜHNERBRUST mit Honig-Senf-Sauce

Die Hühnerbrust wird im Ofen genauso knusprig wie ihre frittierte Schwester. Sie ist aber fettärmer und gesünder. Zusammen mit einem grünen Salat wird daraus ein leckeres Hauptgericht.

FÜR DIE HÜHNERBRUST
200 g Panko-Brösel
2 EL Olivenöl
400 g Hühnerbrust
2 Eier
50 g Mehl
Salz, Pfeffer
1 TL Paprikapulver
50 g geriebener Parmesan

FÜR DIE HONIG-SENF-SAUCE
4 EL Mayonnaise
2 TL Honig
2 TL Dijon-Senf
Salz, Pfeffer

Panko-Mehl und Olivenöl in eine Pfanne geben und unter Rühren goldbraun rösten.

Während die Panko-Brösel abkühlen, die Hühnerbrust in längliche Streifen (7 x 5 cm) schneiden.

In einer Schüssel Eier, Mehl, Salz, Pfeffer und Paprikapulver verrühren und die Hühnerbruststreifen darin wälzen.

Panko-Brösel mit Parmesan vermischen und die Hühnerbruststreifen damit panieren.

Auf ein mit Backpapier ausgelegtes Backblech legen und bei 180 Grad etwa 20 Minuten backen. Ungefähr nach der Hälfte der Backzeit die Hühnerbruststreifen wenden.

Inzwischen Mayonnaise, Honig und Senf verrühren und mit Salz und Pfeffer abschmecken.

TIPP Wenn etwas von der Sauce übrig bleibt, kann man sie als Salatdressing verwenden.

ERSATZ
Panko-Brösel → Semmelbrösel (müssen nicht geröstet werden)
Parmesan → Pecorino

Gebratenes HÜHNCHEN mit Petersilienmayonnaise

Manchmal muss es halt doch Fleisch sein. Wichtig ist mir dabei aber, dass es bio und regional ist. Wenn vom Fleisch etwas übrig bleibt, kann man es wunderbar als Füllung für Pita-Brote oder Sandwiches verwenden.

FÜR DAS HÜHNCHEN
1 Huhn (1–1,5 kg)
Salz, Pfeffer
1 Zitrone
1 große Zwiebel
1 Knoblauchknolle
100 g Weißwein
50 g weiche Butter
3 EL Olivenöl

FÜR DIE PETERSILIENMAYONNAISE
4 geröstete Knoblauchzehen vom Hühnchen
1 Ei
1 EL Dijon-Senf
1 Prise Zucker
1 TL Salz
½ TL Pfeffer
2 EL Zitronensaft
200 g neutrales Öl
20 g Petersilie

Das Hühnchen mit der Brustseite nach unten auf ein Brett legen. Mit dem Messer auf beiden Seiten vom Rückgrat entlang schneiden und die Rippen durchtrennen (Dabei nicht in die Brust auf der anderen Seite schneiden!) Das Hühnchen auseinanderklappen, vorsichtig flach drücken und die Innenseite mit Salz und Pfeffer würzen. Mit der Hautseite nach oben auf ein tiefes Backblech legen.
Die Zitrone und die Zwiebel vierteln und die Knoblauchknolle halbieren. Alles um das Hühnchen herumlegen. Wein, Butter, Öl, Petersilie, 1 TL Salz und 1 TL Pfeffer im Mixer zu einer Paste pürieren und das Hühnchen damit einreiben.
Im auf 180 Grad vorgeheizten Backofen etwa 1½ Stunden garen. Dabei das Hühnchen und den Knoblauch immer wieder mit Bratensaft begießen, damit sie nicht austrocknen.
Das Hühnchen aus dem Ofen nehmen und 10 Minuten ruhen lassen. In dieser Zeit den gegarten Knoblauch aus der Schale drücken und mit Ei, Senf, Zucker, Salz, Pfeffer, Zitronensaft und neutralem Öl in ein hohes, schmales Gefäß geben. Den Stabmixer hineinstellen, anschalten und etwa 5 Sekunden auf dem Boden stehen lassen, dann langsam nach oben ziehen. Die fein gehackte Petersilie untermischen und eventuell mit Salz und Pfeffer abschmecken.

TIPPS Das Gefäß für die Mayonnaise sollte gerade so breit sein, dass der Pürierstab hineinpasst. Man kann natürlich auch andere Kräuter (Dill, Kerbel, Schnittlauch) unter die Mayonnaise mischen. Zum Hühnchen passen neue Kartoffeln oder ein Kartoffel-Rucola-Salat (siehe Seite 40).

ERSATZ
Weißwein → Gemüse- oder Hühnerbrühe
Dijon-Senf → grober Senf
Petersilie → Dill

HÜHNERBRUST
mit Fenchel und Rucola

Im Sommer sind Ofengerichte einfach genial.
Man kann alles zusammen garen und muss nicht
am Herd schwitzen.

1 EL Honig
1 EL Thymianblätter
Salz, Pfeffer
2 Hühnerbrüste
3 Fenchelknollen
400 g kleine Kartoffeln
3 EL Olivenöl
8 Dattel- oder Kirschtomaten
40 g Rucola

Honig mit der Hälfte des Thymians, Salz und Pfeffer verrühren. Die Hühnerbrüste mit der Marinade bestreichen
und bis zur weiteren Verwendung beiseitestellen.
Fenchel in Spalten schneiden und das Fenchelgrün auf-
bewahren. Die Kartoffeln schälen und ebenfalls in Spalten schneiden.
Fenchel und Kartoffeln in einer Schüssel mit Olivenöl,
Salz, Pfeffer und dem restlichen Thymian vermischen.
Auf einem mit Backpapier ausgelegten Backblech verteilen und im auf 200 Grad (Umluft) vorgeheizten Backofen etwa 25 Minuten garen.
Inzwischen die Hühnerbrüste in einer beschichteten
Pfanne auf beiden Seiten etwa 2–3 Minuten anbraten.
Das Fleisch auf das Gemüse legen und weitere 10 Minuten im Backofen garen.
Die Datteltomaten halbieren und 5 Minuten vor Garende
zum Gemüse geben. Aus dem Backofen nehmen und
das Gemüse mit Fenchelgrün und Rucola vermischen.

GEBRATENES HUHN mit schwarzen Kichererbsen und Orangen

Kichererbsen sind sehr reich an Eiweiß, Vitaminen und Folsäure. Außerdem machen sie satt und unseren Darm glücklich.

FÜR 4 PERSONEN

1 Knoblauchzehe
2 Fenchelknollen
1 Hühnerbrust (mit Haut)
2 Hühnerkeulen
Olivenöl
Salz, Pfeffer
2 Bioorangen
1 Dose schwarze Kichererbsen
1 Dose stückige Tomaten
250–350 g Gemüsebrühe

Knoblauch und Fenchel in Würfel schneiden. Das Fenchelgrün beiseitestellen.

Die Hühnerbrust halbieren, die Keulen auslösen und ebenfalls halbieren. Das Fleisch in eine Schüssel geben und mit Olivenöl, Salz und Pfeffer würzen. Mit der Hautseite nach unten in einem heißen Bräter etwa 15 Minuten braten.

Das Fleisch herausnehmen und warm stellen. Knoblauch und Fenchel im Hühnerfett etwa 5 Minuten anbraten. Die Schale einer Orange abreiben und zusammen mit Kichererbsen, Tomaten und Gemüsebrühe zum Fenchel geben. Etwa 25 Minuten garen.

Die Orangen mit einem Messer so schälen, dass auch die weiße Haut entfernt wird und das Fruchtfleisch in Scheiben schneiden.

Gemüse und Fleisch vermischen und mit Salz und Pfeffer würzen. Alles noch einmal 5 Minuten garen. Dann die Orangenscheiben und das Fenchelgrün dazugeben.

TIPP Man kann natürlich auch getrocknete Kichererbsen verwenden. Die muss man allerdings am Vorabend in reichlich kaltem Wasser einweichen. Am nächsten Tag mit frischem Wasser zum Kochen bringen. Lorbeerblätter und Zwiebel dazugeben und etwa 2 Stunden weich kochen.

ERSATZ
schwarze Kichererbsen → weiße Kichererbsen
Gemüsebrühe → Hühnerbrühe
Fenchelgrün → Dill

FLEISCHKRAPFEN
mit Tomaten-Bohnen-Gemüse

Vom Bohnengemüse mache ich immer etwas mehr und friere es ein. Dann habe ich auch im Winter etwas davon.

FÜR DAS TOMATEN-BOHNEN-GEMÜSE
500 g grüne Bohnen
Bohnenkraut
1 Schalotte
2 EL Butter
2–3 Flaschentomaten
100 g Crème fraîche
Salz, Pfeffer
2–3 Thymianzweige

FÜR DIE FLEISCHKRAPFEN
½ altbackene Semmel
1 Zwiebel
1 Knoblauchzehe
500 g Faschiertes (Schwein)
1 Ei
Salz, Pfeffer
Semmelbrösel
Butterschmalz

Die Bohnen putzen und mit Bohnenkraut in Salzwasser 10 Minuten kochen. Abgießen, mit kaltem Wasser abschrecken und abtropfen lassen.

Die Schalotte fein schneiden und in Butter farblos anschwitzen. Die Tomaten in Würfel schneiden und zu den Schalotten geben. Auf kleiner Flamme so lange köcheln lassen, bis die Tomaten zerfallen.

Crème fraîche unterrühren und mit Salz, Pfeffer und Thymian würzen. Die Bohnen dazugeben und in der Sauce erwärmen.

Die Semmel in Wasser einweichen. Zwiebel und Knoblauch fein schneiden und zum Faschierten geben. Ei, Salz, Pfeffer und die gut ausgedrückte Semmel zufügen und alles gut vermengen. Aus der Masse mit den Händen kleine Bällchen formen, in Semmelbröseln wälzen und in Butterschmalz auf beiden Seiten goldbraun braten.

ERSATZ
Schalotte ⟶ kleine weiße Zwiebel
Bohnenkraut ⟶ mehr Thymian
Crème fraîche ⟶ Schmand, Saure Sahne
Butterschmalz ⟶ Pflanzenöl

RINDERSTEAK mit Quetschkartoffeln aus dem Ofen

Zu besonderen Anlässen darf es auch mal Fleisch sein.
Die Steaks aus dem Rinderrücken sind nicht nur günstiger als die
Edelteile, sondern auch besonders saftig.

FÜR 4 PERSONEN

FÜR DAS RINDERSTEAK
4 Steaks aus dem Rinderrücken
Olivenöl
Meersalzflocken, Pfeffer

FÜR DIE QUETSCHKARTOFFELN
12 mittelgroße neue Kartoffeln
Salz
Olivenöl
2 Knoblauchzehen
2 kleine Rosmarinzweige
2 Thymianzweige

WEITERES
250 g weiche Butter
Meersalzflocken
1 TL Zitronenabrieb
20 g gemischte Kräuter (Dill, Petersilie, Thymian, Schnittlauch, Schnittknoblauch)
125 g Misticanza (Schnittsalatmischung)
8 Dattel- oder Kirschtomaten
Olivenöl
Balsamico
Salz, Pfeffer

Das Fleisch mit Olivenöl einreiben und auf Zimmertemperatur bringen.

Inzwischen die Kartoffeln mit Schale etwa 25 Minuten in Salzwasser garen. Abgießen, auf ein mit Backpapier ausgelegtes Backblech legen und mit der Unterseite einer kleinen Schüssel vorsichtig flach drücken.

Mit Salz bestreuen und mit Olivenöl beträufeln. Die angedrückten Knoblauchzehen, Rosmarin und Thymian auf den Kartoffeln verteilen und im vorgeheizten Backofen bei 220 Grad etwa 20 Minuten schön knusprig braten.

Die eine Hälfte der Butter mit Salzflocken und Zitronenabrieb und die andere mit den fein gehackten Kräutern vermischen. Zu Rollen formen, in Butterbrotpapier einwickeln und bis zur weiteren Verwendung ins Tiefkühlfach legen.

Salat und halbierte Tomaten mit Salz, Pfeffer, Balsamico und Olivenöl marinieren.

Das Fleisch mit Salzflocken und Pfeffer würzen und in einer sehr heißen Grillpfanne auf beiden Seiten je 1 Minute braten.

TIPPS Ehe man das Fleisch in die Pfanne legt, sollte diese so heiß wie möglich erhitzt werden. Ich lasse mir das Fleisch vom Metzger immer 1,2 cm dick schneiden, damit das Braten auch wirklich schnell geht und ich keine komplizierten Tests machen muss, ob die gewünschte Garstufe erreicht ist. Die Quetschkartoffeln kann man mit einem Dip auch wunderbar zum Aperitif servieren. Übrig gebliebene Kräuterbutter verwendet man einfach für Risotto.

ERSATZ
Rinderrückensteak → Hüftsteak
Misticanza → anderer Schnittsalat

GEMÜSEBRÜHE

Ich mache die Gemüsebrühe immer aus Resten und friere sie portionsweise ein. Auf diese Weise habe ich immer einen Vorrat.

Alle Gemüsereste gut waschen und in einen großen Topf geben. Mit Wasser aufgießen und Salz dazugeben. Alles mit geschlossenem Deckel zum Kochen bringen und anschließend auf kleiner Flamme etwa 30–45 Minuten köcheln lassen. Durch ein feines Sieb gießen und je nach Rezept weiterverwenden.

4 Handvoll Gemüsereste (Karottenschalen und -enden, Sellerieschalen, Kohlrabi- bzw. andere Gemüseschalen, Zwiebel- und Knoblauchschalen, Lauchreste, Petersilienstängel, Reste von Peperoni [Paprikaschote])
1 TL Salz
1,5 l Wasser

TIPP Die Brühe lässt sich nicht nur gut portionsweise einfrieren, sondern sie hält sich in sterilen Gläsern im Kühlschrank auch etwa 1 Monat.

GEMÜSEPASTE

Für die Paste kann man alle Gemüsereste verwenden,
die beim Putzen oder Schälen von Gemüse anfallen.

Das Gemüse putzen und grob zerkleinern. Zusammen
mit Knoblauch und Salz im Mixer fein pürieren.
Die Paste in sterile Gläser füllen, gut verschließen und
im Kühlschrank aufbewahren.

TIPPS Pro 100 g Gemüse rechnet man 20 g Salz.
Am besten Salz verwenden, das keine Rieselhilfen
oder sonstige Zusätze enthält. Immer mit einem
sauberen Löffel aus dem Glas nehmen! Die Paste hält
sich im Kühlschrank etwa 3 Monate. Man kann sie
auch dünn auf ein mit Backpapier ausgelegtes Backblech streichen und bei 85 Grad etwa 2 Stunden
trocknen lassen (nach der Hälfte der Zeit wenden).
Anschließend die Masse im Mixer fein zerkleinern.
Mit Wasser aufgegossen, wird daraus Gemüsebrühe.

600 g Gemüse (Karotten, Lauch,
Sellerie, Petersilienwurzel, Fenchel,
Zwiebeln, Petersilie ...)
2 Knoblauchzehen
120 g Salz

PAVLOVA mit Joghurt und Himbeeren

Eine Pavlova ist ideal, um übrig gebliebenes Eiweiß zu verwerten. Gefüllt mit Sahne, Joghurt oder Creme und frischen Früchten ist sie ein leichtes Sommerdessert.

4 Eiweiß (ca. 160 g)
250 g Zucker
2 TL Maisstärke
2 TL Zitronensaft
1 TL Vanilleextrakt
250 g Naturjoghurt
1–2 EL Zucker
125 g Himbeeren

Auf die Rückseite eines Bogens Backpapier Kreise aufzeichnen (Ø etwa 6 cm), umdrehen und auf ein Backblech legen.

Eine Rührschüssel mit Zitronensaft einreiben und das Eiweiß darin halb steif schlagen. Jetzt langsam den Zucker einrieseln lassen und so lange weiterschlagen, bis der Eischnee glänzt und sehr steife Spitzen bildet. Maisstärke, Zitronensaft und Vanilleextrakt vorsichtig unterrühren.

Mit zwei Esslöffeln Eischnee-Häufchen auf die vorbereiteten Kreise geben und in die Mitte eine Mulde drücken. Im auf 130 Grad vorgeheizten Backofen 10 Minuten backen, die Temperatur auf 90 Grad reduzieren und weitere 90 Minuten backen bzw. trocknen lassen.

Wenn die Backzeit abgelaufen ist, den Backofen ausschalten und die Pavlova darin auskühlen lassen (mindestens 2 Stunden).

Den Joghurt mit Zucker aufschlagen, in die Pavlova füllen und mit Himbeeren garnieren.

TIPPS Am besten für den Eischnee eine Glas- oder Metallschüssel verwenden. Damit die Meringue nicht aufweicht, den Joghurt und die Früchte erst kurz vor dem Servieren draufgeben. Die Meringue kann man luftdicht verpackt an einem trockenen Ort bis zu 2 Tage aufbewahren.

ERSATZ
Maisstärke → Kartoffelstärke
Naturjoghurt → griechischer Joghurt
Himbeeren → Erdbeeren, Heidelbeeren, Brombeeren

CREMA CATALANA

Mit dem Dessert macht man immer eine „bella figura".
Dabei hält sich der Aufwand in Grenzen. Das Rezept ist
für acht Personen – also: Nachschlag gefällig?

Milch, Sahne, Zimt, Vanillemark sowie Orangen- und
Zitronenschale zum Kochen bringen. Vom Herd nehmen
und 30 Minuten ziehen lassen.
Inzwischen Eigelb mit Zucker und Maisstärke aufschlagen. Die Sahnemilch noch einmal aufkochen und
durch ein Sieb gießen. Langsam und unter ständigem
Rühren zur Ei-Zucker-Masse geben und verrühren. Alles
wieder zurück in den Topf füllen und unter ständigem
Rühren so lange kochen, bis die Masse eindickt (etwa
3 Minuten). Ob sie dick genug ist, zeigt der Löffeltest:
Einfach die Löffelrückseite in die Creme tauchen und
kräftig pusten. Wenn kreisförmige Wellen entstehen,
ist es Zeit, die Creme vom Feuer zu nehmen, durch ein
Sieb zu gießen und in flache Schälchen zu füllen.
Mit Klarsichtfolie abgedeckt im Kühlschrank vollständig
auskühlen lassen (mindestens 2 Stunden, am besten
über Nacht). Die Creme mit braunem Zucker bestreuen
und mit einem Gasbrenner karamellisieren.

FÜR 8 PERSONEN

700 g Milch
600 g Sahne
½ TL Zimt
½ TL Vanillemark
1 Orange, Schale
1 Zitrone, Schale
8 Eigelb
100 g Zucker
25 g Maisstärke
50 g brauner Zucker

TIPPS Crema Catalana lässt sich gut vorbereiten.
Das übrig gebliebene Eiweiß kann man für die Her-
stellung einer Pavlova (siehe Seite 123) verwenden.
Die Vanilleschote lege ich nach dem Auskratzen in ein
Schraubglas mit Zucker. So habe ich immer echten
Vanillezucker im Haus.

ERDBEERMOUSSE

Bei Erdbeeren denke ich sofort an Sommer, Sonne und lange Ferientage. Als Kind habe ich gerne beim Erdbeerenpflücken geholfen. Allerdings landeten die Erdbeeren meist in meinem Mund statt im Körbchen.

Die Erdbeeren putzen und 400 g im Mixer fein pürieren.

Das Erdbeerpüree mit 50 g Puderzucker und Zitronensaft aufkochen und etwa 8 Minuten köcheln lassen. Inzwischen die Gelatine in kaltem Wasser einweichen (etwa 10 Minuten). Gut ausdrücken und im heißen Erdbeerpüree auflösen. Abkühlen lassen.

Wenn das Erdbeerpüree Zimmertemperatur hat, das Eiweiß mit dem restlichen Puderzucker steif schlagen. Das Erdbeerpüree dazugeben und vorsichtig unterheben. Die Sahne steif schlagen und unter die Erdbeer-Eischnee-Masse heben.

Die restlichen Erdbeeren in Scheiben schneiden und mit der Schnittfläche nach außen kreisförmig im Inneren der Gläser anordnen. Die Erdbeermousse vorsichtig in die Gläser füllen, sodass sie die Erdbeerscheiben nicht verdeckt.

Die Erdbeermousse mindestens 4 Stunden im Kühlschrank fest werden lassen.

TIPP Am besten füllt man die Erdbeermousse mit einem Spritzbeutel in die Gläser.

FÜR 4 PERSONEN

500 g Erdbeeren
60 g Puderzucker
2 TL Zitronensaft
6 Blatt Gelatine
2 Eiweiß
200 g Sahne

KARAMELLISIERTE PFIRSICHE

Die Pfirsiche sind das perfekte Sommerdessert, für das jeder noch ein Plätzchen im Magen frei hat. Es ist schnell gemacht und kann auch auf dem Grill zubereitet werden.

100 g Zucker auf einen tiefen Teller geben. Die halbierten Pfirsiche mit der Schnittfläche in den Zucker drücken und umgedreht auf ein mit Backpapier ausgelegtes Backblech legen.
Im auf 210 Grad vorgeheizten Backofen 7–8 Minuten garen, bis der Zucker karamellisiert ist.
In der Zwischenzeit den restlichen Zucker, Mascarpone, Milch und Kakao mit dem Handmixer gut verrühren.

TIPP Wenn man die Pfirsiche auf dem Grill zubereiten will, muss man sie mit der gezuckerten Schnittfläche nach unten in eine Grillschale oder auf Alufolie legen.

ERSATZ
Mascarpone → Frischkäse, Ricotta
Mandelblättchen → zerkleinerte, blanchierte Haselnüsse

FÜR 4 PERSONEN

4 Pfirsiche
150 g Zucker
250 g Mascarpone
3 EL Milch
3 EL Kakao
3 EL geröstete Mandelblättchen

127

ERDBEERTIRAMISU

Die Kombination von cremigem Mascarpone und fruchtig süßen Erdbeeren ist einfach unwiderstehlich.

Erdbeeren klein schneiden und mit Zucker etwa 10 Minuten kochen. Mit dem Pürierstab fein zerkleinern und im Kühlschrank auskühlen lassen.

Eier trennen und das Eigelb mit 50 g Zucker etwa 5 Minuten mit dem Handmixer cremig aufschlagen. Mascarpone und 80–100 g Erdbeerpüree unterrühren. Das Eiweiß mit einer Prise Salz aufschlagen, wenn es anfängt, steif zu werden, den restlichen Zucker langsam einrieseln lassen und weiterschlagen, bis sich steife Spitzen gebildet haben. Den Eischnee in zwei Portionen vorsichtig unter die Mascarponecreme heben.

Die Hälfte des restlichen Erdbeerpürees mit 2–3 EL Wasser verrühren und die Löffelbiskuits damit tränken.

Auf den Boden der Form legen und einen Teil der Mascarponecreme draufgeben. Glatt streichen und mit einem Löffel etwas vom übrigen Erdbeerpüree und einen Teil der klein geschnittenen Erdbeeren darauf verteilen. Den Vorgang so lange wiederholen, bis die Zutaten aufgebraucht sind. Mit einer Schicht Mascarponecreme abschließen.

Das Tiramisu im Kühlschrank mindestens 3 Stunden durchziehen lassen. Vor dem Servieren mit Erdbeerpulver und den restlichen Erdbeeren garnieren.

TIPPS Ob das Eiweiß steif genug ist, merkt man, wenn man die Schüssel umdreht: Läuft nichts heraus, dann ist der Eischnee fest. Für das Erdbeerpulver einfach getrocknete Erdbeeren im Blitzhacker zerkleinern und über das Tiramisu sieben.

FÜR 4 PERSONEN

FÜR DAS ERDBEERPÜREE
300 g Erdbeeren
2 EL Zucker

FÜR DAS TIRAMISU
3 Eier
100 g Zucker
1 Prise Salz
400 g Mascarpone
28 Löffelbiskuits
150 g Erdbeeren
Erdbeerpulver

BUTTERMILCH-PANNACOTTA
mit Rhabarber-Karamell-Sauce

Panna cotta ist ein Klassiker, der in fast jedem
italienischen Restaurant auf der Speisekarte steht.
Die Zubereitung ist sagenhaft einfach und die Buttermilch
gibt dem Ganzen eine fein säuerliche Note.

Gelatine etwa 5 Minuten in kaltem Wasser einweichen.
Die Sahne mit der aufgeschlitzten Vanilleschote, Vanillemark und Zucker zum Kochen bringen. Vom Herd nehmen und die gut ausgedrückte Gelatine darin auflösen.
Etwa 10 Minuten abkühlen lassen, durch ein Sieb gießen und die Buttermilch unterrühren. Die Sahne-Butter-
milch-Mischung in kleine Förmchen gießen und am
besten über Nacht im Kühlschrank fest werden lassen.
Zucker in einem Topf bei mittlerer Hitze hellbraun karamellisieren, dabei nicht rühren, sondern den Topf nur
leicht bewegen. Mit Rhabarbersaft ablöschen und auf
kleiner Flamme so lange kochen lassen, bis sich der
Zucker wieder gelöst hat. Durch ein Sieb gießen und
ebenfalls über Nacht im Kühlschrank auskühlen lassen.

FÜR 4 PERSONEN

FÜR DIE PANNACOTTA
3 Blatt Gelatine
200 g Sahne
1 Vanilleschote
2 EL Zucker
250 g Buttermilch

FÜR DIE KARAMELLSAUCE
200 g Zucker
220 g Rhabarbersaft

TIPPS Pannacotta lässt sich gut vorbereiten.
Man kann sie bis zu drei Tage im Voraus machen.
Zum Stürzen die Förmchen am besten kurz in heißes
Wasser tauchen.

ERSATZ
Buttermilch ⟶ Sahne
Rhabarbersaft ⟶ Orangensaft, Passionsfruchtsaft

HEIDELBEERTARTE

Man kann die Tarte auch mit Äpfeln oder Aprikosen zubereiten – Hauptsache, das Obst ist etwas säuerlich, damit die Tarte nicht zu süß wird.

FÜR DEN BODEN
125 g weiche Butter
50 g Zucker
1 Ei
1 Pkg. Vanillezucker
250 g Mehl

FÜR DEN BELAG
60 g Zucker
60 g Butter
75 g geriebene Mandeln
1 Ei
½ TL Vanilleextrakt
400 g Heidelbeeren

Butter, Zucker, Ei, Vanillezucker und Mehl gut verkneten. Den Teig dünn ausrollen und eine Tarteform damit auslegen. Den Boden mit einer Gabel einstechen, Backpapier darauflegen und mit Blindbackkugeln oder ungekochten Hülsenfrüchten (Bohnen, Kichererbsen) beschweren.

Im auf 180 Grad (Umluft) vorgeheizten Backofen 10 Minuten blindbacken. Dann das Backpapier entfernen und weitere 10 Minuten backen.

In der Zwischenzeit Zucker und Butter in einer Schüssel gut vermengen. Mandeln, Ei und Vanilleextrakt dazugeben und alles zu einer cremigen Masse verrühren. Die Mandelcreme auf dem vorgebackenen Boden verteilen und schön dicht mit Heidelbeeren belegen. Die Beeren dabei leicht andrücken.

Im Backofen etwa 40 Minuten backen, herausnehmen und auf einem Kuchengitter vollständig auskühlen lassen.

ERSATZ
geriebene Mandeln → geriebene Haselnüsse

VANILLEEIS

Das Rezept für Vanilleeis kann man als Basisrezept für die Eisherstellung ohne Eismaschine verwenden. Man kann Kekse dazugeben oder Schokostückchen – ganz nach Gusto.

130 g Sahne
100 g gezuckerte Kondensmilch
1 TL Vanilleextrakt

Sahne steif schlagen. Gezuckerte Kondensmilch und Vanilleextrakt verrühren und unter die Sahne heben. In eine Form füllen, die Oberfläche mit Klarsichtfolie abdecken und mindestens 4 Stunden im Tiefkühlfach gefrieren lassen.

TIPP Für Eis am Stiel füllt man die Eismasse in Popsicle-Förmchen, steckt ein Holzstäbchen hinein und lässt das Eis über Nacht im Tiefkühlfach gefrieren. Aus den Formen drücken, in geschmolzene Schokolade tauchen und fertig ist das Eis am Stiel.

ERDBEEREIS

Für dieses cremige Eis braucht man nur drei Zutaten. Mit Kokossahne und gezuckerter Kokoskondensmilch kann man es sogar vegan zubereiten!

250 g Erdbeerpüree (siehe Tipp)
150 g gezuckerte Kondensmilch
125 g Sahne

Erdbeerpüree und gezuckerte Kondensmilch in einer Schüssel mit dem Handmixer cremig aufschlagen.
Die Sahne sehr steif schlagen und die Erdbeer-Kondensmilch-Masse vorsichtig unterheben. Die Eismasse in einen Behälter füllen, die Oberfläche mit Klarsichtfolie abdecken und im Tiefkühlfach mindestens 4 Stunden gefrieren lassen.

TIPPS Für das Erdbeerpüree einfach reife Erdbeeren mit dem Pürierstab zerkleinern oder mit 1 TL Zitronensaft und 2 EL Zucker etwa 7–10 Minuten köcheln lassen und anschließend pürieren. Statt Erdbeeren kann man auch Himbeeren, Heidelbeeren, Brombeeren oder Pfirsiche verwenden. Wenn das Eis länger eingefroren wird, sollte man es ein paar Minuten bei Zimmertemperatur stehen lassen und den Eisportionierer vorher in heißes Wasser tauchen.

SCHOKOLADENEIS
ohne Eismaschine

Noch leckerer wird das Eis, wenn man
Schokostückchen unter die Eismasse rührt.

Die Schokolade über dem Wasserbad schmelzen und
etwas abkühlen lassen. Inzwischen die gezuckerte
Kondensmilch mit Sahne und Vanilleextrakt etwa
3 Minuten aufschlagen, bis die Masse anfängt, steif
zu werden. Den Kakao über die Masse sieben und
zusammen mit der geschmolzenen Schokolade unterrühren. Die Eismasse in einen verschließbaren Behälter
füllen und 4–6 Stunden im Tiefkühlfach gefrieren lassen.

TIPP Das Eis hält sich etwa 1 Monat im Gefrierfach.

==FÜR 4 PERSONEN==

100 g Schokolade (70 % Kakaogehalt)
170 g gezuckerte Kondensmilch
250 g Sahne
1 TL Vanilleextrakt
1½ EL Kakao

Florentiner

Alkermes-Kekse

FLORENTINER

Die einfachen Dinge sind meist die, die am besten schmecken. Egal, ob zur Weihnachtszeit oder einfach zum Tee, Florentiner gehören definitiv immer dazu.

30 g Zucker
1 EL Wasser
1 EL Honig
2 EL Sahne
50 g Butter
150 g Mandeln (gehobelt, gestiftet und gehackt)
1 EL Orangeat und Zitronat
50 g geschmolzene Schokolade (70 %)

Zucker mit Wasser in einen Topf geben und schmelzen, aber nicht karamellisieren lassen. Honig, Sahne und Butter dazugeben und einmal aufkochen.

Mandeln, Orangeat und Zitronat zufügen und unter ständigem Rühren auf kleiner Flamme so lange kochen, bis die Masse fest wird.

Mit einem Löffel kleine Häufchen (mit ausreichend Abstand) auf ein mit Backpapier ausgelegtes Backblech setzen und im vorgeheizten Backofen bei 160 Grad ungefähr 10 Minuten backen. Die Florentiner sind fertig, wenn die Mandeln gebräunt sind. Auskühlen lassen und die Unterseite mit geschmolzener Schokolade bestreichen.

TO GO

ALKERMES-KEKSE

Alkermes oder Alchermes ist ein karminroter Kräuterlikör, der für verschiedene italienische Süßspeisen verwendet wird und auch für die rote Farbe der Kekse sorgt. Die kleinen Köstlichkeiten sind schnell gemacht und versüßen jeden Nachmittagskaffee oder -tee.

Butter mit Zucker cremig aufschlagen. Dann das mit Salz verquirlte Ei unterrühren. Mehl und Backpulver vermischen, unterheben und den Alkermes zufügen. Alles mit einem Holzlöffel zu einem weichen Teig verrühren.

Den Teig so mit Klarsichtfolie abdecken, dass sie die Oberfläche berührt und mindestens 4 Stunden im Kühlschrank ruhen lassen. Mit einem Löffel kleine Teigportionen abstechen und zu Kugeln formen. Die Kugeln erst in Zucker, dann in Puderzucker wälzen, bis sie vollständig damit bedeckt sind.

Mit ausreichend Abstand auf ein mit Backpapier ausgelegtes Backblech legen und 10–15 Minuten im auf 180 Grad vorgeheizten Backofen backen. Auf einem Kuchengitter vollständig auskühlen lassen.

FÜR CA. 30 KEKSE

50 g weiche Butter
60 g Zucker
1 Prise Salz
1 Ei
40 g Alkermes
150 g Mehl
½ Pkg. Backpulver

WEITERES
100 g Zucker
100 g Puderzucker

TO GO

TIPPS Wenn es schnell gehen soll, kann man den Teig auch einfach eine Stunde ins Gefrierfach stellen. Hauptsache, er ist fest und lässt sich formen. Die rot-weiß gefleckten Kekse halten sich luftdicht verpackt ziemlich lange – vorausgesetzt, man isst nicht alle gleich auf.

ERSATZ
Alkermes ⟶ Grenadine (Sirup) und etwas Zimt- und Nelkenpulver

SIZILIANISCHE MANDELKEKSE

Diese weichen Kekse machen süchtig! Außerdem kann man hier gleich übrig gebliebenes Eiweiß verarbeiten.

FÜR CA. 25 KEKSE

250 g Zucker
375 g geriebene Mandeln
3 Eiweiß
1 Prise Salz
1 Zitrone
100 g Puderzucker

Die Hälfte des Zuckers mit den Mandeln vermischen. Das Eiweiß mit einer Prise Salz anschlagen und den restlichen Zucker einrieseln lassen, weiterschlagen, bis der Eischnee steif und glänzend ist.
Die Zitrone heiß abwaschen und die Schale fein abreiben. Die Zitronenschale mit dem Zucker-Mandel-Gemisch vermengen und unter den Eischnee heben, bis eine homogene Masse entstanden ist. Mit Klarsichtfolie abdecken und im Kühlschrank mindestens 4 Stunden ruhen lassen.
Mit einem Löffel etwas Teig abstechen, zu Kugeln formen und in Puderzucker wälzen, bis die Kugeln vollständig damit überzogen sind. Mit reichlich Abstand auf ein mit Backpapier ausgelegtes Backblech legen und mit drei Fingern so zusammendrücken, dass die Kekse ihre typische dreieckige Form bekommen.
Im vorgeheizten Backofen bei 160 Grad ungefähr 10–12 Minuten backen. Die Kekse sind fertig, wenn sie ganz leicht gebräunt sind und die Oberfläche etwas aufgerissen ist. Herausnehmen und auf einem Kuchengitter vollständig auskühlen lassen. Erst dann bekommen sie ihre typische Konsistenz.

TIPPS Man kann auch 1–2 TL Zitronen- oder Orangensaft unter die Masse mischen, das intensiviert den Geschmack. In einer verschließbaren Dose halten die Kekse mehrere Wochen.

ERSATZ
Zitrone → Orange

Weiche SCHOKOKEKSE

Diese leckeren und sehr dekorativen Kekse
schmecken auch außerhalb der Weihnachtszeit!
Sie sind ein ideales Mitbringsel.

FÜR CA. 30 KEKSE

100 g weißer Zucker
100 g brauner Zucker
60 g Sonnenblumenöl
50 g Kakao
2 große Eier
1 TL Vanilleextrakt
150 g Mehl
1 TL Backpulver
1 Prise Salz
75 g Puderzucker

TO GO

Den weißen und braunen Zucker mit Sonnenblumenöl
verrühren. Kakao, Eier und Vanilleextrakt dazugeben
und unterrühren.

Mehl mit Backpulver und Salz vermischen und mit
einem Holzlöffel unter die Zucker-Eier-Mischung heben.
Den Teig in der Schüssel so mit Klarsichtfolie abdecken,
dass diese direkt auf dem Teig aufliegt und im Kühlschrank mindestens 4 Stunden ruhen lassen. Mit einem
Löffel kleine Teigportionen abstechen und mit der Hand
zu Kugeln formen.

Den Puderzucker in eine Schüssel geben und die Teigkugeln darin rollen, sodass sie vollständig mit Puderzucker bedeckt sind.

Mit genügend Abstand auf ein mit Backpapier ausgelegtes Backblech setzen und im vorgeheizten Backofen bei 175 Grad etwa 12–15 Minuten backen. Erst
10 Minuten auf dem Backblech, dann auf einem Kuchengitter auskühlen lassen.

TIPPS Es lohnt sich, gleich die doppelte Menge
zuzubereiten. Man kann die Kekse in einer Metalldose
etwa 4 Wochen aufbewahren. Wer es eilig hat beim
Backen, lässt den Teig etwa 1 Stunde im Gefrierfach
ruhen.

ZITRONENKEKSE

Ich liebe diese Kekse, besonders, wenn sie mit
Lemon Curd gefüllt sind. Die Zitrone im Teig gibt
den Keksen einen extra Frischekick.

150 g Zucker
2 Zitronen, Abrieb
70 g weiche Butter
½ TL Vanilleextrakt
2 große Eier
2 EL Zitronensaft
240 g Mehl
1 TL Backpulver
1 Prise Salz

WEITERES
100 g Zucker
90 g Puderzucker
Lemon Curd

TO GO

Zucker mit Zitronenabrieb vermengen und zwischen
den Fingern gut verreiben (damit besonders viel
Zitronenaroma freigesetzt wird). Butter und Vanilleextrakt dazugeben und schaumig aufschlagen. Eier und
Zitronensaft unterrühren.
Das Mehl mit Backpulver und Salz vermischen und mit
einem Holzlöffel unter die Butter-Eier-Mischung heben.
Den Teig so mit Klarsichtfolie bedecken, dass die Folie
die Oberfläche berührt, und im Kühlschrank mindestens
4 Stunden ruhen lassen.
Mit einem Löffel kleine Teigportionen abstechen und
mit den Händen zu Kugeln formen. Erst in Zucker und
anschließend in Puderzucker rollen, bis die Kugeln vollständig damit bedeckt sind. Mit Abstand auf ein mit
Backpapier ausgelegtes Backblech legen und eine
Kuhle in die Mitte drücken. Mit 1 TL Lemon Curd füllen
und im auf 175 Grad vorgeheizten Backofen 10–12 Minuten backen. Erst 10 Minuten auf dem Backblech, dann
auf einem Kuchengitter auskühlen lassen.

TIPPS Die Teigkugeln gehen beim Backen aus-
einander, daher unbedingt mit großem Abstand auf
das Blech legen! Die Kekse sollen nicht braun werden,
sondern nur ihre typischen „Furchen" bekommen.
Wenn es schnell gehen soll, kann man den Teig zum
Ruhen auch etwa 1 Stunde ins Gefrierfach stellen.
Man kann die Füllung auch weglassen.

ERSATZ
Lemon Curd → Zitronenmarmelade

APFEL-STREUSEL-KÜCHLEIN

Im Herbst backe ich am liebsten mit Äpfeln, aber im Sommer verwende ich für diese kleinen Küchlein gerne Pfirsiche oder Marillen.

FÜR 12 KÜCHLEIN

FÜR DIE STREUSEL
80 g Mehl
40 g brauner Zucker
40 g Butter
1 TL Zimt

FÜR DIE KÜCHLEIN
150 g Zucker
110 g weiche Butter
3 Eier
180 g Naturjoghurt
260 g Mehl
9 g Backpulver
1 Prise Salz
2–3 Äpfel

TO GO

Mehl, Zucker, Butter und Zimt zu Streuseln verkneten und bis zur weiteren Verwendung in den Kühlschrank stellen.
Zucker mit Butter schaumig aufschlagen und die Eier nach und nach unterrühren. Den Joghurt dazugeben und ebenfalls unterrühren.
Mehl, Backpulver und Salz vermischen und unter die Butter-Eier-Mischung heben.
Die Äpfel schälen, entkernen und in kleine Stücke schneiden. Unter den Teig mischen.
Eine Muffinform mit Backpapier oder Papierförmchen auslegen und den Teig mit einem Eisportionierer gleichmäßig auf die Förmchen verteilen.
Die Streusel darüberstreuen und im auf 175 Grad vorgeheizten Backofen etwa 17–20 Minuten backen.
Auf einem Kuchengitter auskühlen lassen.

TIPPS Damit die Törtchen schön aufgehen, sollte man den Teig nur in jede zweite Form füllen.
Die Probe mit dem Holzstäbchen zeigt, ob sie fertig gebacken sind.

ERSATZ
Naturjoghurt → Buttermilch

RHABARBERKUCHEN
mit Baiserhaube

Dieses Rezept stammt von meiner Mutter und begleitet mich seit Kindertagen. Es ist weder zu süß noch zu sauer, sondern genau richtig!

FÜR DEN RHABARBERKUCHEN
500 g Rhabarber
125 g Zucker
1 Ei
2 Eigelb
125 g weiche Butter
150 g Mehl
50 g Stärkemehl
1 TL Backpulver
1 TL Zimt

FÜR DAS BAISER
2 Eiweiß
100 g Zucker
50 g Honig

Den Rhabarber in kleine Stücke schneiden.
Zucker mit Butter, Ei und Eigelb schaumig schlagen.
Mehl, Stärkemehl, Backpulver und Zimt über die Zucker-Butter-Masse sieben und unterrühren.
Den Teig in eine ausgebutterte Springform geben und glatt streichen. Den Rhabarber darauf verteilen und den Kuchen im auf 190 Grad vorgeheizten Backofen etwa 35–45 Minuten backen.
Inzwischen das Eiweiß halb steif schlagen. Zucker und Honig nach und nach dazugeben und weiterschlagen, bis der Eischnee fest ist.
Auf den Rhabarberkuchen geben und noch einmal etwa 10 Minuten backen, bis das Baiser leicht gebräunt ist.

ERSATZ
Rhabarber → Rote Johannisbeeren, Sauerkirschen

MARMORKUCHEN

Einer der einfachsten und beliebtesten Kuchen ist
der Marmorkuchen. Dieser ist besonders saftig und
unglaublich lecker.

180 g weiche Butter
50 g Sonnenblumenöl
330 g Zucker
4 große Eier
400 g Mehl
10 g Backpulver
1 Prise Salz
270 g Milch
1 TL Vanilleextrakt
50 g Kakao
Puderzucker

Butter, Sonnenblumenöl und Zucker so lange mit dem
Mixer aufschlagen, bis die Masse hell und schaumig ist.
Die Eier nacheinander unterrühren.
Mehl, Backpulver und Salz sieben und abwechselnd mit
240 g Milch und Vanilleextrakt unter die Butter-Eier-
Masse rühren.
Den Rührteig halbieren und auf zwei Schüsseln ver-
teilen. Unter eine Hälfte den Kakao und die restliche
Milch rühren.
Eine Gugelhupfform gut einfetten und mit Mehl aus-
streuen. Nun die beiden Rührteige abwechselnd ring-
förmig in die Kuchenform geben.
Im vorgeheizten Backofen bei 170 Grad 40–45 Minuten
backen. Auf einem Kuchengitter auskühlen lassen und
aus der Form stürzen. Mit Puderzucker bestreuen.

TIPPS Die Menge ist für eine Form mit einem Durch-
messer von 20–22 cm (1 l Fassungsvermögen)
berechnet. Wer keine so große Form hat, verwendet
einfach zwei kleine oder halbiert die Zutatenmenge.
Eine besonders schöne Marmorierung des Kuchens
bekommt man, wenn man die beiden Teige mit einem
Spritzbeutel in die Form spritzt. Wer will, überzieht
den Marmorkuchen mit einer Schokoganache
(100 g klein gehackte Schokolade mit 120 g kochen-
der Sahne übergießen, 10 Minuten stehen lassen und
dann gut umrühren).

ERSATZ
Vanilleextrakt → Mark einer halben Vanilleschote

ERDBEERKUCHEN

Dieser Kuchen schmeckt nach Sommer. Man kann
ihn auch mit Himbeeren oder Brombeeren zubereiten.
Und das Beste: Er ist ruckzuck gebacken!

FÜR 1 SPRINGFORM (ø 20 cm)

100 g weiche Butter
20 g Öl
2 Eier
170 g Zucker
½ TL Vanilleextrakt
1 Prise Salz
180 g Mehl
60 g geriebene Mandeln
1 TL Backpulver
250 g Erdbeeren
60 g Mandelblättchen
Puderzucker

Butter, Öl, Zucker und Eier mit dem Handmixer schaumig rühren. Vanilleextrakt, Salz, Mehl und geriebene Mandeln dazugeben und mit einem Holzlöffel oder Silikonspatel unterheben.

Die Erdbeeren in Scheiben schneiden und 230 g unter den Teig heben. Den Teig in eine ausgebutterte Form füllen und die restlichen Erdbeeren darauf verteilen. Die Mandelblättchen darüberstreuen und den Kuchen im auf 175 Grad vorgeheizten Backofen etwa 40–45 Minuten backen.

Den Kuchen auf einem Kuchengitter abkühlen lassen und mit Puderzucker bestreuen.

TIPP Je nach Backofen kann die Backzeit variieren. Man sollte immer probieren, ob der Kuchen schon durchgebacken ist. Dazu ein Holzstäbchen in die dickste Stelle stecken und wenn beim Herausziehen kein Teig mehr daranklebt, ist der Kuchen fertig.

ERSATZ
geriebene Mandeln → geriebene Haselnüsse

ZIMTSCHNECKEN

Zimtschnecken lassen sich gut mitnehmen, sei es ins Büro, zur Schule oder zum Wandern. Am besten schmecken sie jedoch lauwarm.

FÜR DEN TEIG
40 g Butter
125 g Milch
40 g Zucker
1 Prise Salz
¼ TL Kardamom
270 g Mehl
5 g Trockenhefe

FÜR DIE FÜLLUNG
80 g weiche Butter
100 g Zucker
2 EL Zimt

WEITERES
1 Ei
200 g Puderzucker
2–3 EL Wasser

TO GO

Butter in einem Topf schmelzen lassen. Die Milch dazugeben und handwarm erhitzen. Vom Herd nehmen und Zucker, Salz und Kardamom dazugeben. So lange rühren, bis sich der Zucker aufgelöst hat.

Das Mehl in eine Schüssel geben und mit der Hefe vermengen. Die Flüssigkeit zufügen und alles mit einem Silikonspatel verrühren. Den Teig mit den Händen gut durchkneten (5–10 Minuten), sodass er glatt und geschmeidig ist. Zur Kugel formen und zugedeckt so lange gehen lassen, bis sich das Volumen verdoppelt hat.

Anschließend den Teig noch einmal kurz durchkneten und auf einer bemehlten Arbeitsfläche zu einem dünnen Rechteck ausrollen.

Butter mit Zucker und Zimt zu einer streichfähigen Paste verrühren. Zimt-Butter gleichmäßig auf das Teigrechteck streichen. Von der langen Seite fest aufrollen und mit einem scharfen Messer in etwa 2,5 cm dicke Scheiben schneiden. Mit Abstand auf ein mit Backpapier ausgelegtes Backblech legen und zugedeckt noch einmal 30 Minuten gehen lassen.

Das Ei verquirlen und die Teigschnecken damit bestreichen. Im auf 250 Grad vorgeheizten Backofen ungefähr 5–7 Minuten backen, herausnehmen und auf einem Kuchengitter abkühlen lassen.

Puderzucker mit Wasser verrühren und die Zimtschnecken damit glasieren.

TIPPS Wenn der Teig zu klebrig ist, kann man noch etwas Mehl unterkneten. Man kann die Zimtschnecken auch am Abend vorbereiten und über Nacht im Kühlschrank gehen lassen. Allerdings sollte man sie am nächsten Morgen noch einmal etwa 30 Minuten bei Zimmertemperatur gehen lassen, ehe man sie in den Ofen schiebt.

ERSATZ
Kardamom → 1 Msp. Muskat

SCHEITERHAUFEN

Altes Brot nicht wegzuwerfen, ist ein Gebot der Nachhaltigkeit. Ich mache daraus dieses köstliche Dessert, das man auch als Hauptspeise essen kann.

Das Brot in Scheiben schneiden. Eine Auflaufform einfetten und einen Teil der Brotscheiben hineinlegen. Die entsteinten und halbierten Marillen darauf verteilen und mit den restlichen Brotscheiben abdecken. Milch, Zucker, Eier, Vanillezucker, Salz, Zitronenschale und Zimt verquirlen und über das Brot gießen. Im vorgeheizten Backofen bei 180 Grad (Umluft) etwa 40–50 Minuten backen. Nach der Hälfte der Backzeit die Mandelblättchen darüberstreuen und fertig backen.

TIPPS Scheiterhaufen vor dem Servieren mit Puderzucker bestreuen. Man kann dazu auch Vanillesauce reichen. Verwendet man Apfelscheiben, dann sollte man sie mit etwas Zitronensaft beträufeln und mit Zucker, Zimt und Mandelblättchen vermengen, ehe man sie in die Form schichtet.

ERSATZ
Marillen → Kirschen, Äpfel
Mandelblättchen → blanchierte Haselnüsse

FÜR 4 PERSONEN

250 g altbackenes Weißbrot
oder Brioche
Butter
400 g Marillen (Aprikosen)
350 g Milch
50 g Zucker
3 Eier
2 TL Vanillezucker
1 Prise Salz
½ Zitrone, Abrieb
½ TL Zimt
50 g Mandelblättchen

**Bibliografische Information
der Deutschen Nationalbibliothek**
Die Deutsche Nationalbibliothek verzeichnet diese
Publikation in der Deutschen Nationalbibliografie;
detaillierte bibliografische Daten sind im Internet
abrufbar: http://dnb.d-nb.de

Bildnachweis
stock.adobe.com: Umschlag Vorderseite – Collage
(kucherav + releon8211 + Jacek Fulawka + Valeria Tarleva +
janvier + Love the wind + Kuzmick), Umschlag Rückseite
von links nach rechts (alicja neumiler + Julia Sudnitskaya +
Space_Cat), 4/5 Hintergrund (daboost),
4 + 158/159 (Sonja Rachbauer), 6/7 (sonyakamoz),
8 Reis (Aleksandrs Samuilovs), 8 Gemüse (Viktor Pravdica),
9 Hühnerfleisch (Olga Kochina), 9 Lachs (rdnzl),
10/11 Kräuter (africa-studio.com), 11 Lunchbox
(Julia Mikhaylova), 11 Pfanne (kornienko alexandr),
12/13 (nadianb), 120 Karottenbund (Andrea Kusajda),
120 Zwiebel (Akova), 121 (MichaelJay)

Alle übrigen Aufnahmen stammen von Kathrin Kötz.

1. Auflage 2023
© Athesia Buch GmbH, Bozen

Design & Layout: Athesia-Tappeiner Verlag
Bildbearbeitung: Typoplus, Frangart
Druck: GZH, Zagreb
Papier: Innenteil und Vorsatz Maestro Print, Umschlag Quatro Silk

Gesamtkatalog unter
www.athesia-tappeiner.com

Fragen und Hinweise bitte an
buchverlag@athesia.it

MIX
Papier aus verantwor-
tungsvollen Quellen
FSC® C105545

ISBN 978-88-6839-723-4
ISBN 978-88-6839-724-1 (e-Book)

Dieses Buch wurde
der Umwelt zuliebe
nicht mit einer Schutzfolie
eingeschweißt.